À mes fils adorés, Maxélie et Zacharie,

Et à mes followers et mes contributeurs.

Partir du familier pour en tirer de l'inattendu,
parfois jusqu'à l'absurde,
c'est une bonne définition de l'humour
de @mamouz !

Adèle Van Reeth,
philosophe et auteure, productrice
des *Chemins de la philosophie* (France Culture)

SOMMAIRE

AVANT-PROPOS

Derrière les nuages, il y a toujours le soleil.
Derrière @mamouz, il y a moi,
dealeuse de bonheur, et les mèmes.

En moins d'un an, je suis passée de 5 000 à 70 000 followers en recueillant un florilège de mèmes et en les faisant rebondir sur mon compte Instagram (et aujourd'hui dans un livre).

Un mème, c'est pareil qu'un dessin humoristique mais avec des photos ou des textes[1].

Comme une bouteille à la mer mais avec un message d'espoir, d'humour, quand tout devient gris.

Les mèmes de mon compte ont donné un espace de liberté, une respiration, un sourire et des rires. J'ai reçu des centaines de messages de remerciements et d'encouragements :

« Continuez Julie ! @mamouz nous fait du bien ! Vive la @mamouz thérapie ! »

1. Un mème, c'est une idée qui se répand sur Internet, sous la forme de vidéos, d'images, d'hashtag, de GIF ou tout simplement d'une phrase ou d'un mot.

Et comme à l'origine je suis journaliste, j'ai voulu savoir si l'humour pouvait guérir (*gai-rire*) en période sombre (de la COVID-19 ou autre) et vérifier si des experts, des philosophes, des médecins avaient étudié la question de l'humour qui soigne.

PTDR (Pour une Thérapie Du Rire) vous démontrera que l'humour pourrait être remboursé par la sécu. Ce n'est ni un vaccin ni un sérum contre le virus, mais un antidote efficace pour contrer son effet désastreux sur notre humeur.

@mamouz propage le virus du bonheur
et celui-ci est bon pour la santé !

mamouz

123 456 likes

Introduction

#PTDR #PourUneTherapieDuRire #SansFiltre

ÇA @MAMOUZ BEAUCOUP, ET VOUS ?

Avant ce maudit virus, je menais une vie tranquille (on va dire relativement tranquille). En dehors de mes activités professionnelles, aussi nombreuses que variées et évidemment chronophages, je postais quotidiennement quelques mèmes sur Instagram pour entretenir ma bonne humeur et dans l'espoir de provoquer des sourires au sein de ma petite communauté d'abonnés. Rire est de loin mon activité favorite. C'est ainsi que j'envisage la vie, partant du principe que le rire est une discipline à la fois noble, peu coûteuse, que l'on peut pratiquer seul ou en groupe et dont les vertus thérapeutiques guérissent presque tous les bobos et tracas du quotidien. Revers de la médaille : cela peut contribuer à faire de moi une incurable adulescente de quarante ans (quarante est un bon nombre, laissons le compteur bloqué sur quarante...). Mais :

1. **il y a pire qu'être une adulescente ;**
2. **je n'ai encore rien trouvé de plus efficace.**

Prénom Julie, nom de code @mamouz

L'ouvrage que vous tenez entre les mains n'est donc pas le fruit du gonflement incontrôlable de mon ego et encore moins le résultat de longues heures de brainstorming acharné pour accoucher dans la douleur d'un concept éditorial.
Ce livre est l'essence de mon vécu.

Un exemple : le père de mes deux enfants a été victime d'un AVC sérieux alors qu'il était encore jeune. Conséquences de l'accident : perte de mobilité, de l'équilibre, de la parole et, en bonus, il s'est mis à loucher du jour au lendemain. Selon vous, qu'avons-nous fait, mes enfants et moi, lors de notre première visite à l'hôpital ? Nous nous sommes pris dans les bras (à l'époque cela se faisait encore) puis nous avons fait une photo collective sur laquelle nous nous sommes mis à loucher, nous aussi. Ce cliché a tout de suite rendu ce drame familial plus supportable, plus digeste, en nous indiquant que le rire était le bon chemin à emprunter pour encaisser les uppercuts que nous réserve la vie. C'est ce chemin que j'ai choisi (et il n'est évidemment pas question de faire marche arrière) et c'est celui que j'ai envie de faire découvrir au plus grand nombre. D'où la naissance de mon compte Instagram en 2011 !

Avance rapide jusqu'en mars 2020

Quand Monsieur Macron nous a annoncé que nous serions en (cochez la réponse qui vous convient le mieux) :

- ☐ **grandes vacances**
- ☐ **prison**
- ☐ **dépression**

pour une durée indéterminée, j'ai instinctivement posté quelques mèmes bien sentis sur le sujet. Pas vraiment pour rebondir sur l'actualité, mais plutôt parce que je traversais cet événement comme tout le monde et que j'avais besoin de l'extérioriser, de le partager, à la manière des AA (alcooliques anonymes), en plus sympa.

Comment ce livre est-il né ?

Sans trop comprendre le pourquoi du comment, mon compte Instagram s'est emballé, passant de 5 000 à près de 70 000 followers (soi-xante-dix-mille-quoi !!!). Dans la foulée, *Gala*, *Libé*, *Marie-Claire* et *Elle* (rien que ça !) me consacraient un portrait (là, on peut commencer à se la raconter) et j'étais, je suis, bombardée de sollicitations. Et ultime consécration : *Vanity Fair* me fait figurer dans son classement des cinquante Françaises qui ont fait 2020 !

Parallèlement, je recevais en privé, de la part d'inconnus, de connus, voire de très connus, des messages pour me faire rire ou tout simplement pour me remercier d'apaiser leurs angoisses par le rire ou de traduire tout haut ce qu'ils n'avaient même (mème) pas formulé tout bas.

J'ai même eu droit au plus magnifique des cadeaux. Aurélie Saada, la moitié du duo Brigitte, m'a rendu, sur son compte Instagram, un hommage aussi inattendu qu'émouvant en me composant une chanson :

« Est-ce que vous connaissez ce bonheur en barre,
en cette période étrange ?
Moi je ne peux pas m'en passer
Elle poste et moi je ris.
Le remède à la mélancolie
Julie Mamou-Mani @mamouz ma chérie. »

Une fois l'émotion digérée, j'ai compris qu'il se passait quelque chose autour de mon compte Instagram.

J'étais devenue une dealeuse de bonheur

J'ai décidé de partager dans ce livre cette expérience de la façon la plus complète possible, et pas seulement sous l'angle du confinement (quoique nous en parlerons forcément).

Cette aventure complètement folle m'a emmenée sur la voie du rire thérapeutique (le mot est lâché).

Elle m'a fait comprendre que la meilleure méthode pour atteindre le lâcher-prise, c'est le rire. Et au vu des milliers d'ouvrages vendus en développement personnel (notamment par mon éditeur), force est de constater que cela répond à un besoin.

Ce que ce livre n'est pas !

Que les choses soient claires : pas question pour moi de vous vendre une nouvelle méthode de bien-être, ni même de vous fournir des informations scientifiques vous permettant de déculpabiliser de :

- ☐ **procrastiner**
- ☐ **être lunatique**
- ☐ **être en retard**
- ☐ **crier sur vos enfants/partenaire(s ?)/parents/beaux-parents/collègues**
- ☐ **ne pas prendre de décision**

- ☐ **ne pas vous organiser « comme il faut »**
- ☐ **vider les étagères de biscuits de vos enfants**
- ☐ **dire du mal des comptes Instagram des copains**
- ☐ **appeler votre ex quand vous avez bu un verre de trop**

(Vous avez compris, il faut cocher... Mais si, allez, osez...)

Non, je suis simplement là pour vous faire rire et, en chemin, vous faire prendre un peu de recul et vous faire vous sentir moins seul. N'oublions jamais que nous avons tous notre bagage, nos hontes, nos peurs, nos difficultés. Et nous avons tous une chose en commun : nous n'avons qu'une seule vie (De Palmas l'a d'ailleurs chanté assez fort, les lecteurs de ma génération s'en souviennent !).

Ma légitimité, c'est vous !

Pour être tout à fait transparente avec vous, je n'ai ni compétence ni formation particulière pour parler de cette thérapie du rire. Et si vous me demandez à quelle caution je peux prétendre pour écrire ce livre : je n'en ai pas ! (On est chez #sanfiltre, on se dit tout !) Uniquement votre soutien et la qualité du lien que j'ai construit avec vous pendant cette période difficile et que nous allons partager avec les lecteurs de ce livre. La preuve du pudding, c'est qu'on le mange ! Ayant grandi sur les genoux de Marc de Smedt, Jacques Salomé et autres papes de la vie intérieure, je peux juste certifier que j'ai été biberonnée puis initiée aux méthodes de développement personnel et à leurs bienfaits. Mes parents nous ont fait voyager, mes frères et moi, dans un temple hopi de Santa Fe, au Nouveau-Mexique, à Hawaï, dans une communauté végétarienne, aux Caraïbes chez des partisans de la libre éducation et dans tous les rendez-vous zen de France.

Naturellement, je pratique le yoga, la méditation et l'associatif (oui, aider les autres adoucit notre quotidien). Depuis que je suis toute petite, je milite pour toute sorte de causes : cookies pour aider les victimes des inondations de Vaison-la-Romaine, collecte du riz pour la Somalie en 1992, construction d'une école au Burkina Faso en 1998. Récemment, je me suis lancée dans plusieurs initiatives pour la Maison des femmes créée par Ghada Hatem. J'ai organisé des partenariats avec des marques formidables, dont les bénéfices ont été reversés à ce lieu qui accueille des femmes et des enfants en situation d'urgence. J'ai même produit le clip du rappeur poète Oxmo Puccino. Il nous a offert une chanson magnifique intitulée *Tendrement*, dont les bénéfices vont à l'association. Je crois que je me suis engagée auprès de Ghada Hatem parce qu'elle voit comme moi la vie par le prisme de l'humour.

Born to be fun

J'ai repensé à une amie médecin qui me racontait sa séance de yoga du rire. Rire pour créer des endorphines, l'idée est lumineuse… Et en ce qui me concerne, on peut dire qu'elle vient de loin. Je suis née avec l'envie de rire, de toujours tourner la vie en dérision, je ne me suis jamais prise au sérieux.

Le concours de blagues du vendredi soir est un rituel auquel ma famille n'a jamais dérogé. Et puis avec mon père et mes frères, nous passons tous nos dîners et nos vacances à faire des jeux de mots. Est-ce à ma moitié d'origine sépharade que je dois cet optimisme chevillé au corps ? Le Juif tunisien est rigolo, jusqu'à la lourdeur. Ma grand-mère me disait : « Julie, ma cuisine n'est pas grasse, je ne mets que deux litres d'huile par semaine dans mes plats... » C'est une façon de vivre, d'envisager l'existence. Ou est-ce dû à ma mère hippie, qui aujourd'hui encore, cinquante ans après Mai 68 ou Woodstock (oui, elle y était la chanceuse), regarde le monde à travers ses lunettes roses ? Sur les bancs de la fac, j'ai définitivement assis ma popularité grâce à un concours d'autodérision permanent entre mon meilleur ami, Alex, et moi. Et mon rêve secret avec ma copine Katia était de créer une émission : *Les Grandes Gueules 2.0.*

C'est peut-être aussi à cause de mon nom... qui est si drôle qu'un scénariste en a fait le nom de son personnage principal : Michel Blanc, dans le film *Docteur* réalisé en 2019 par Tristan Séguéla, s'appelle docteur Mamou-Mani. Et d'ailleurs les meilleures scènes du film sont celles liées à ce nom quasi impossible à prononcer. Lors d'un grave accident de voiture à vingt ans, les pompiers venus me secourir n'arrivaient pas à le prononcer correctement. Après quelques minutes, c'était devenu une blague et, pour simplifier les choses, nous sommes tombés d'accord pour m'appeler Mme Martin, dans un éclat de rire général.

L'humour m'habite comme un gentil diable prêt à sortir de sa boîte à la moindre occasion. Je l'avoue humblement, il m'est impossible de résister à un bon mot. Mention spéciale à Woody Allen : « Quand j'écoute trop de Wagner, j'ai envie d'envahir la Pologne. » Et avec Instagram, j'ai trouvé le meilleur canal pour distiller et partager cet humour à la fois incisif et absurde qui me réjouit, pour résumer un état d'esprit et capturer l'air du temps. Le rire peut vous prendre partout, sans crier gare. Il est immédiat, sans questionnement. On pouffe, peu importe l'endroit où l'on se trouve et peu importe la personne qui nous accompagne. DJ Fattony, un de mes comptes préférés et dont je me suis inspirée, l'a très bien dit : « Les mèmes sont nos sauveurs face aux horreurs de la vie. »

Un peu de sérieux, tout de même !

J'ai découvert, en enquêtant sur le rire, qu'il existe de très anciens et très sérieux clubs du rire dans soixante pays (on en recense plus de six mille). Tous affichent la même raison d'être dans leurs statuts : le rire est le moyen le plus sûr d'adopter une attitude plus positive face à la vie. Grâce à cette rigolothérapie[2] (si, si, ça existe !), les adeptes peuvent acquérir une souplesse intellectuelle et gagner la sensation de se sentir reconnectés à la vie et au monde. Ces récentes découvertes viennent confirmer le très vieil adage : « Rire c'est bon pour la santé, c'est bon le moral »... #teamrigolotherapie

2. « Les bienfaits du rire et de la joie ne sont plus à démontrer. Il existe aujourd'hui un large consensus dans la communauté scientifique quant aux effets positifs de la bonne humeur et de son expression par le sourire et la rigolade. Rire est bon pour la santé et fait du bien au mental ; de nombreux livres en rendent compte. Pensons à l'ouvrage très connu du Docteur Henri Rubinstein, *Psychosomatique du rire, Rire pour guérir*, publié chez Robert Laffont en 2003 ou encore au travail du père fondateur des clubs de rire : le Docteur Madan Kataria. » - Extrait tiré de *Rigolothérapie : aller mieux grâce au rire et à la bonne humeur*, d'Yves-Alexandre Thalmann, aux Éditions Jouvence.

Ces derniers temps, j'ai beaucoup lu sur l'humour. Les philosophes grecs, Sigmund Freud, Milan Kundera… Quelle leçon ! Ce que je croyais léger, presque futile, est en fait enraciné dans l'humain depuis la nuit des temps. Et je peux affirmer sans peur de me tromper que l'humour est essentiel. Sans lui, le monde est terne, la porte est ouverte aux pires tyrannies.

Avec l'humour, toutes les sensibilités, toutes les chapelles, toutes les religions sont représentées. J'adore que ce grand mezze de l'humour soit tout-terrain, démocratique, qu'il unisse les gens. Ce que je préfère par-dessus tout avec cette aventure, c'est l'échange avec mes followers, leurs smileys énormes sous mes publications et quand ils taguent leurs amis et entament une discussion entre eux. Sans oublier tous ceux qui me forwardent des publications… Ai-je vraiment besoin de vous les présenter, ces anonymes du web qui créent des mèmes pour notre seul plaisir et qui sont ensuite republiés à l'envi ? Des publications toutes plus absurdes les unes que les autres, mais qui ont la capacité de nous faire pouffer sans réfléchir, de nous transporter directement dans une bulle de champagne. C'est l'humour 2.0. Certains, sortis de l'anonymat, sont même devenus des amis : merci @happyness1337, @marc_elie, @burma_jim, @davidszkly, @irmadanon, @mariejoory, @bohemeparis_fr, @nelsonmelody, @zakamax, @bensezmille, @marella.rossi.mosseri, @najlete, @sidneybongart, @nicolaslasnibat, @amelieblanckaert, @kevin_grandeldekeating. Pardonnez-moi pour ceux que je n'ai pas cités : le problème avec le web, c'est que les blagues sont lancées, revisitées et partagées à l'envi jusqu'à ce que l'on en perde l'origine. Nous sommes Un, comme le chante si bien U2.

Ce que ce livre est !

Ce sont les principes de toutes ces données hautement scientifiques que j'ai intuitivement appliqués quand j'ai ouvert mon compte @mamouz, sans aucune autre ambition que d'en faire un club virtuel géant du smile. L'arrivée surprise de la COVID-19 et du confinement ont agi comme un accélérateur. Certes, le virus allait bouleverser notre quotidien, mais il allait aussi devenir un fabuleux générateur de situations absurdes et de contradictions plus savoureuses les unes que les autres. Autant de prétextes à une jouissive distorsion du réel propre à emporter la planète dans un fou rire ininterrompu. Alimenté en flux tendu par un matériel de premier choix, @mamouz est devenu un gigantesque sas de décompression dans une période d'incertitude et d'angoisse. Je ne compte plus les messages adorables reçus pendant le confinement. Je pense même être la seule influenceuse qui ne reçoit que des messages positifs. C'est d'ailleurs cela qui aujourd'hui m'encourage à poster quand j'ai parfois l'impression de repousser les limites de la débilité avec, il faut l'avouer, un léger sentiment de culpabilité.

Plus qu'un livre, j'ai voulu cet ouvrage comme un manuel de bonne humeur. Le mien comme celui de mes followers, mon compte illustrant le collectif à merveille.

Comment ce livre est-il organisé (ou pas) ?

Mon éditeur m'a quand même demandé de fournir un sommaire et de structurer un minimum mon propos (c'est son travail, je ne peux pas le blâmer). Alors, après avoir senti la crise de panique arriver, j'ai réussi à donner vie à ce que vous tenez entre les mains. J'ai choisi de présenter les principales thématiques qui nous obsèdent (plus ou moins, à des niveaux différents), pour les explorer, prendre du recul et, ensemble, en rire ou en sourire. Pour chacune, vous trouverez :

- **une photo décalée pour se mettre dans l'ambiance ;**
- **un développement que j'espère inspirant ;**
- **un florilège de mèmes issus du web et ayant joyeusement réhabilité la célèbre abréviation « PTDR » (Pété De Rire) auprès de ma « communauté » ;**
- **le mot d'une personnalité experte du sujet traité, pour aller plus loin.**

J'espère que vous passerez un bon moment. Et si ce n'est pas le cas, vous pouvez toujours m'écrire en message privé pour vous plaindre (ou m'envoyer vos blagues !). Elon Musk a récemment déclaré la chose suivante : « *Who controls the memes, controls the Universe.* » (Qui contrôle les mèmes contrôle l'Univers.) Si seulement il avait raison !

mamouz

123 456 likes

1. Confinement vôtre

#PTDR #PourUneTherapieDuRire #SansFiltre

UN VIRUS, QUEL VIRUS ?

S'il y a une personne qui peut se réjouir du confinement, c'est bien moi, @mamouz. En un clin d'œil, je me suis fait plusieurs dizaines de milliers de copains (dont vous ?). Donc difficile de bouder mon plaisir ! La crise sanitaire m'a offert une place de choix sous les projecteurs et elle a été la source d'une créativité que l'on peut légitimement qualifier de « débordante ». Il faut le dire, je me suis bien amusée.

Le coronavirus, c'est un tremblement de terre universel auquel personne n'a échappé. Un grand saut dans l'inconnu qui a profondément bouleversé tous nos emplois du temps, nos quotidiens, qui a mis nos vies à l'envers.

Et pour conjurer la peur, il n'y a rien de mieux que l'humour. Quand j'ai vu qu'il y avait un milliard de blagues sur le virus, que la COVID-19 était croquée à toutes les sauces, d'une certaine manière, je me suis dit qu'on lui avait déjà fait la peau.

Mon clin d'œil archi perso

C'est le moment de vous dévoiler un premier scoop ! J'ai fait connaissance avec le virus personnellement. Une rencontre courte mais éprouvante. Je l'ai croisé en même temps que mon petit frère, en Angleterre. Nous étions au plus mal et nous nous disions au téléphone que certes notre mort était proche, mais qu'heureusement nous pourrions apposer la fameuse languette bleue certifiant la réussite de notre compte Instagram[3] sur notre stèle funéraire.

Bien sûr, le contexte était on ne peut plus particulier. Mais reconnaissons qu'en termes d'actualités rigolotes, une crise sanitaire représente une période de création et de créativité assez fabuleuse pour les auteurs de mèmes sur Instagram. Déjà atteinte de postite chronique avant le 17 mars, j'ai souffert, avec le confinement, d'une aggravation quasi immédiate et très sévère de mes symptômes : j'ai doublé, puis multiplié par dix puis par vingt le nombre de mes publications quotidiennes. De frénétique, je suis passée à boulimique. Précisons que, comme tout le monde ou presque, j'avais du temps.

L'arrivée de nouveaux abonnés sur mon compte qui s'affolait s'est avérée tellement massive qu'elle a même provoqué un bug technique. Heureusement, les choses sont vite rentrées dans l'ordre, car c'est quasiment à chaque minute que je tombais sur des publications toutes plus hilarantes les unes que les autres et que je voulais à tout prix relayer. Le best of des blagues, j'ose le croire, accédera à la postérité.

« Peut-on rire de toux ? »

(C'est cette phrase qui a été sélectionnée pour mon premier papier dans le journal *Elle*. Et je dois avouer que je n'en suis pas peu fière…)

3. Arthur Mamou-Mani est un architecte français influent, qui a notamment été choisi pour construire le temple dans le cadre du célèbre festival *Burning Man* en 2018. Son compte Instagram inspire au quotidien plus de 36,4 k personnes.

Les références au film *Un jour sans fin* revenaient souvent. En quelques semaines, nous étions tous dans la peau de Bill Murray. Et puis est venu l'ennui.

Votre temps d'écran aujourd'hui :

15 ans

Il serait peut-être temps de prendre une cure de désintoxication numérique.

Premier step : soixante secondes.

J'ai avalé tout ~~YouPorn~~ Netflix.

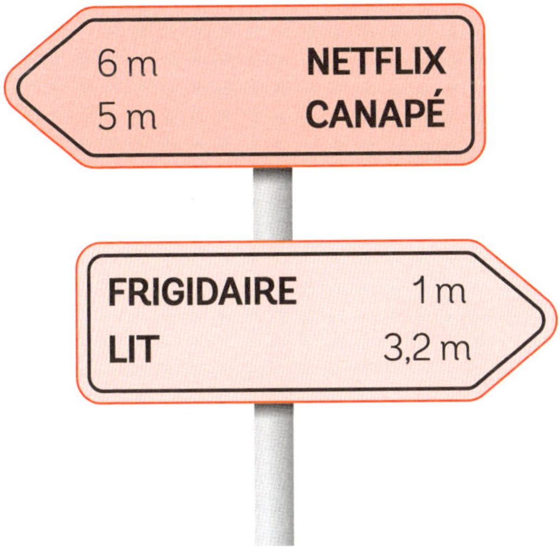

Nouveau décret :

En raison du confinement, l'apéro est avancé à 8 heures du matin.

Vivement le week-end !
J'ai tellement hâte…
Enfin deux jours de confinement, après une longue semaine de confinement.

Un voleur a forcé notre porte cet après-midi.
On était tellement en manque de voir du monde qu'on lui a proposé de rester dîner.

Mon test COVID :
Manger du chocolat toutes les heures pour vérifier que je n'ai pas perdu le goût.

J'ai flippé. J'ai eu l'impression d'être flashé par un radar entre ma salle de bains et mon bureau.
En fait, c'est juste une ampoule qui a grillé.

Je suis en pleine forme : j'ai commencé à farcir des petits pois et à épiler des fraises.

Autre effet marrant de la COVID-19 : un nouveau langage a rapidement émergé. Il fallait bien décrire toutes les nouvelles situations ubuesques que nous rencontrions.

On s'empiffre pour remplir son grovid et on devient un graduvid.

Tout le monde s'est mis à zoomer ou à facetimer, à organiser des apéros Houseparty (avec modération, hein !).

On se télésalue / On se téléchecke.
On se télédéconnecte.
On est des télétravailleurs.

Le télétravail il y a vingt ans ?
Pas de texto à votre ex, pas de réseaux sociaux, vous pouviez juste rester là, à réfléchir sur le sens de l'existence et à composer un chant polyphonique corse…

Après le présentiel, le distanciel, le démerdentiel.

Puis sont passées à la télé les stars du confinement. Nous avons élu au top des personnages faciles à railler : Raoult et son hydroxychloroquine, visiblement plus efficace pour gagner au Scrabble que pour lutter contre le coronavirus, et l'auteur des sous-titres des discours de Macron, qui nous faisait suer à grosses gouttes avec lui, au rythme des envolées lyriques du président. (Ne riez pas trop vite, un jour vous raconterez cela à vos arrières-petits-fillots).

Nous avons aussi partagé un autre sentiment : la difficulté de vivre en quatorzaine[4] avec les mêmes personnes, avec les membres de sa famille. Toutes les blagues sur les enfants à la maison H24 étaient démentes. Je ne compte plus combien de parents ont rigolé en messages privés avec moi, me remerciant de les aider à dédramatiser, à déculpabiliser.

La fermeture des écoles a tué plus de parents que le virus.

Macron vient de déclarer la fermeture des établissements scolaires. Vous me confirmez bien que c'est avec les enfants dedans ?

4. Mention spéciale à la découverte de ce mot, peu de temps avant de comprendre qu'on ne disait pas LE Covid mais LA Covid (entre nous, qui a pris le pli ?).

Si les écoles restent fermées longtemps, les mamans trouveront un vaccin avant les scientifiques.

Un jour, les parents se rassembleront près de la cheminée pour se faire peur avec des histoires de classe à la maison.

« Maman, on dit **on va au coiffeur** ou **chez le coiffeur** ?
– On dit rien, on n'y va plus. »

Vous imaginez une panne d'Internet avec vos enfants bloqués chez vous ?

Dans quelques semaines, il faudra aller chasser pour se nourrir. Vous pourrez me dire où vivent les lasagnes ?

Les conjoints en ont aussi pris pour leur grade. Le rêve numéro 1 des couples était de prendre des vacances séparés à la sortie du confinement. En Chine et sans doute dans d'autres pays aussi, on a observé un pic de divorces au lendemain du confinement.

Le gouvernement confirme que les mariages sont annulés. Et les mariages qui ont déjà eu lieu, ils sont maintenus ?

Le pic de COVID est dû à la multiplication des tests. Et la multiplication des tests de QI, ça donnerait un pic d'abrutis ?

À force de faire la fête à la maison, j'ai fini par me croire au bistrot. J'ai demandé à ma femme son 06.

Conclusion

Après tout ce que nous avons enduré, il ne manquerait plus que le vaccin se transforme en suppositoire, ou pire encore, que l'huile de foie de morue neutralise le virus. (Si on avait su… !) Sinon, une idée beaucoup plus festive : si le savon tue le virus, nous pourrions organiser une soirée mousse mondiale ? En tout cas, cette soirée, nous l'aurions bien méritée.

PAPIER TOILETTE, MASQUE, GEL ET AUTRES INDISPENSABLES

De Rio à Melbourne en passant par Moscou ou Aurillac, pour la première fois, tous les habitants du monde étaient logés à la même enseigne, avec comme conséquence de pouvoir tous rire des mêmes blagues. Le virus et ses corollaires : le masque, le gel, l'autorisation de sortie, le télétravail et l'ennui.

Souvenez-vous fin mars 2020 : les premières blagues de la quatorzaine se sont concentrées sur le rush sur le papier toilette et les paquets de pâtes, tout ça sans explication rationnelle.

La crise du papier toilette nous a confirmé qu'on avait plus de trous du cul[5] qu'on pensait.

On peut congeler du papier toilette ?

5. Une précision, tout de même... En matière de rire, tout est permis. Un chat sera donc appelé un chat. Vous me le pardonnerez, j'espère ? Promis, en dehors des blagues, je me tiens (presque) à carreau.

À tous les collectionneurs de papier toilette, il me manque les feuilles 36, 41, 78, 92, 111, 170. J'échange contre mes doubles, merci.

Vite, courons acheter du papier toilette !

Bien sûr, les blagues autour du masque n'ont pas tardé à circuler. Ceux qui les mettent au dessous du nez, comme le type qui placerait son slip au-dessous de son sexe, ayant obtenu la Palme d'or. (On cherche encore pourquoi.)

Avant, quand on vous demandait d'arriver avec un masque et un gel, c'était pour un autre type de soirée.

Je n'enlève jamais mon masque le premier soir.

Aujourd'hui, le vrai challenge pour les Parisiens, c'est d'arriver à faire la gueule juste avec les yeux.

Je rentre de balade avec mon mari. On enlève les masques. Oups ! Ce n'est pas le bon !... Faites gaffe !

Airgasme :
Plaisir intense procuré par l'air ressenti sur le visage lors du retrait du masque.

Puis ont déboulé les vannes autour du gel hydroalcoolique, ce nouvel incontournable de nos poches et de nos sacs à main...

Mes mains ont absorbé plus d’alcool que moi depuis ma naissance.

Je me suis tellement lavé les mains que j’ai retrouvé mes antisèches du collège.

Un type qui passe un entretien :

« Qu’avez-vous fait en 2020 ?

– J’ai promené mon chien et je me suis lavé les mains. »

Avant 2020, quand je sortais, je devais penser à prendre mes clés et mon téléphone.

Depuis 2020, je dois prendre mes clés, mon téléphone, mon masque, mon gel hydroalcoolique, une arme de défense, mes dernières volontés, une autorisation de sortie et du courage, plein de courage.

JE NE RECOMMANDERAIS PAS 2020

Je suis terriblement sensible au comique de répétition ! Du coup, c'est clair : les blagues récurrentes sur 2020 sont celles qui me font le plus rire. Mon péché mignon... Les recueillir ici, c'est aussi se souvenir. D'une autre façon.

2020. C'est un beau chiffre, un chiffre rond. Je me souviens encore du réveillon que j'ai fêté avec une joie sans pareille. Une année au *double vin* ne pouvait que se passer sous les meilleurs auspices. Puis ça a vrillé très vite : incendie en Australie, COVID-19, quatorzaine et plus, concert quotidien de Patrick Bruel, explosion du Liban, attaque devant *Charlie Hebdo*, décapitation de Samuel Paty, fermeture des salles de sport, mort de Sean Connery... Comme tout le monde, j'ai eu l'impression d'avoir des montagnes russes à la place des organes vitaux. Un truc de fou.

Au départ, en mars, j'ai cru que j'avais gagné au loto. Pas de boulot, des séries Netflix à rattraper, un canapé presque aussi grand que mon salon, pas d'excuse invraisemblable à avancer pour ne pas assister aux soirées mondaines. Et cerise sur le gâteau : du soleil tous les jours. Je me suis mise à la méditation avec succès, à la fabrication de nems et à la confection de marbrés à la poire. Je précise que j'ai de grands ados à la maison, auxquels j'ai appris à cuisiner à quatre ans et demi. Oui, je sais, je suis prévoyante.

Mon clin d'œil archi perso

Mon grand bonheur a été de recevoir les appels quotidiens de mon petit neveu Melvil, âgé de trois ans. Il me téléphonait souvent plusieurs fois par jour, parfois même plusieurs fois par heure, car mon frère Mathias et ma belle-sœur Muriel télétravaillaient comme des fous, laissant leurs enfants, donc mes neveux, totalement libres. J'ai adoré partager la vie de Melvil à distance, jouer à Mario Kart ou encourager ses constructions de montagnes de papier toilette dans sa chambre. Eh oui, Tata n'importe quoi, c'est moi !

Et vous ?,

quel a été votre plus grand bonheur ?

À l'époque, on ne connaissait pas encore de morts de la COVID-19, ni même de malades trop graves. Bref, c'était la belle vie.

Mais au bout d'un certain temps, j'ai commencé à trouver le temps long sans les copains, sans mes parents, sans le boulot… J'ai eu peur que ma jeune boîte ne résiste pas à cette tempête. Et que mes ados de fils ne retrouvent plus jamais la légèreté et les activités de leur âge : petites copines et célèbre combo réglementaire McDo + ciné. Et puis, après avoir avalé tous les épisodes d'*Outlander* et avoir rangé tous mes tiroirs de cuisine et même ceux de mes dessous... j'ai ressenti l'angoisse. Comme tous mes congénères, j'ai un peu bu, beaucoup téléphoné, fait mille rendez-vous WhatsApp. J'ai pleuré en douce. J'ai été émue par la pauvreté de la rue, mais aussi par la solidarité des gens. Sur mon compte Instagram, il suffisait que je demande quelque chose pour les associations Abri de femmes ou La Maison des femmes pour que soixante-sept personnes prêtent main-forte. Mes voisins ont accroché un petit panier au rebord de leur fenêtre pour y déposer des livres et des denrées pour les SDF et tout l'immeuble l'a rempli.

Bien sûr, comme vous tous, c'est l'humour qui, plus que tout, m'a permis de survivre à 2020. Tous ces échanges avec vous, toutes ces publications plus drôles les unes que les autres, cette créativité débridée... Plus la situation était désespérée, plus les blagues étaient drôles. J'adore l'humour quand le monde s'écroule : il nous plonge dans un immense paradoxe. Romain Gary l'a écrit : « L'humour, c'est l'arme blanche des hommes désarmés. »

Rappelez-vous...

SCOOP

« Rues désertes, dernière cigarette, plus rien ne bouge ».

Le groupe Image l'avait pourtant prédit...

Mes robes doivent penser que je suis morte, tout comme mon sac à main.

En 2020 pas de problème de jet-lag : la destination de vacances préférée des Français est Punta canap'.

2020, c'est la classe. Si t'as raté la vague de COVID du mois de mars et la canicule du mois d'août, t'es tranquille, la fin d'année te fait un best of.

Appel à témoins :

Nous recherchons tout cas contact avec une bonne nouvelle en 2020. Votre témoignage est important.

Je suis le pire
de tous les chiffres

13

Non, c'est moi !

666

HA HA HA HA HA !!!

2020

La bonne nouvelle, c'est qu'on a tous un CDI maintenant ! Confinement à Durée Indéterminée…

En 2020, j'ai tenu mes bonnes résolutions pour la première fois de ma vie. Moins sortir le soir, moins aller au bar et moins de restos. Il suffit d'avoir de la volonté.

2020 :

Sérieux ? Mais c'est quoi ce bordel ?

Horoscope 2020

Bélier	Année de merde
Taureau	Année de merde
Gémeaux	Année de merde
Cancer	Année de merde
Lion	Année de merde
Vierge	Année de merde
Balance	Année de merde
Scorpion	Année de merde
Sagittaire	Année de merde
Capricorne	Année de merde
Verseau	Année de merde
Poissons	Année de merde

Je suis la seule à m'inquiéter de la saison finale de 2020 ?

Avant de signer pour les prochaines années, il va vraiment falloir que je lise les notes de bas de page du contrat.

LE POINT DE VUE DE
GRÉGORY POUY

J'ai « rencontré » Grégory Pouy sur Instagram pendant le confinement. Il m'envoyait des publications ou rigolait sous forme de smileys à mes stories et mes posts. Je connaissais déjà son podcast *Vlan !* Il est d'ailleurs l'un des premiers à s'être lancé dans cette aventure professionnelle que nous partageons : celle d'animateurs et de producteurs de podcasts. Il questionne le monde d'aujourd'hui pour un meilleur demain. Tel est l'objet de son livre *Insoutenable Paradis*, paru chez Dunod.

@Mamouz : *Penses-tu que ces confinements nous feront passer à un nouveau modèle économique et sociétal ?*

Grégory Pouy : La crise sanitaire jette un coup de projecteur sur une crise plus générale de notre société. Nous avons tous compris que nous passions d'une société du bien à une société du lien. La transition est longue. En réalité, elle a démarré avec les hippies des années 1960. L'année 2020 marque simplement le début de la transition finale, qui devrait s'étendre sur quelques années et nous mener vers un capitalisme raisonné. Même si le modèle précédent a permis beaucoup de choses, dont la réduction de l'extrême pauvreté ou la chute de la mortalité infantile, nous réalisons désormais que cette globalisation, associée à un non-intérêt pour le vivant, nous conduit à détruire des vies humaines jusque dans notre propre pays.

M : *Pourquoi penses-tu que nous avons tellement eu besoin de rire en 2020 ? Et particulièrement pendant le confinement ?*

GP : On a toujours besoin de rire, mais la période est particulièrement anxiogène. Elle réveille des peurs enfouies, que nous ne pensions même pas retrouver. Prenons le cas de la France : l'ambiance est délétère, il est donc indispensable de relâcher la pression. Le rire est un élément fédérateur. Allez, je cite carrément Alain Chamfort : « Souris puisque c'est grave. » Le mot « blagues » a connu un pic sur Google entre le 29 mars et le 4 avril 2020. C'est logique : si l'on en croit les études, le rire stabilise le rythme cardiaque, diminue la pression artérielle, augmente la quantité d'air ventilée, nettoie les poumons, améliore l'oxygénation du sang, renforce le système immunitaire… La liste est longue, mais une chose est sûre : ton compte Instagram est d'utilité publique.

M : *Crois-tu que ce soit la collectivité, le grand rire participatif, qui plaise sur mon compte Instagram ?*

GP : Le rire, communicatif, fait lien : il permet la synchronisation émotionnelle d'un groupe social, et c'est précisément là que s'inscrit ton compte. Tes followers ont partagé en masse tes publications, moi le premier, car ils avaient besoin de rire en communauté. La bonne question est de savoir si le rire est lui aussi épidémique. Et étonnamment la réponse est OUI !

M : *Tu écris qu'il faut se reconnecter aux autres pour être positif et trouver du sens. Penses-tu que l'humour est un bon moyen de connexion ?*

GP : Nous traversons plusieurs crises parallèles. Il est naturel que les personnes se posent la question du sens. D'autant plus que les équations dans lesquelles nous avons été élevés (si tu fais A, tu auras B, puis C et D…) sont totalement caduques. Nous réalisons que nous gâchons notre vie dans un emploi qui ne nous plaît pas pour payer nos factures. Pour nous repositionner, nous devons nous connaître parfaitement, envisager nos côtés sombres, nos peurs, nos doutes, sans fuir les questions les plus dérangeantes. L'humour commence avec soi-même. Il permet ensuite de créer le lien à l'autre, et plus si affinité. Les fous rires collectifs sont des moments de bonheur mémorables, ils font le ciment d'une relation.

M : *Dans quelle mesure penses-tu que lutter contre l'individualisme et le manque d'empathie représente le meilleur antidote au capitalisme ?*

GP : Les humains sont des êtres sociaux par nature. L'ère moderne a maximisé le travail en créant les centres de travail que sont les villes. Pour beaucoup, les villes sont devenues cette nécessité insupportable où chacun se bat contre les autres dans un individualisme forcené : pour gagner de l'argent, pour avoir sa part de bonheur, pour générer de l'attention, pour exister et dépasser sa condition. C'est paradoxal, mais plus la ville est grande, plus on s'y sent seul.

Tous ces éléments sont intimement liés. Le capitalisme est lié au patriarcat et à une exacerbation de la puissance masculine, de tous les éléments qui nous font paraître plus fort. Cela permet d'obtenir du *bien vivre*, mais pas du *bien-être*, tout au contraire. Alors, comment faire ? Au niveau de la société, mais aussi au niveau individuel, nous devons rééquilibrer avec la puissance du féminin, c'est-à-dire la puissance intérieure, l'empathie, la vulnérabilité, le centrage intérieur. Nous créerons ainsi du lien avec nous-mêmes, avec les autres et avec la nature.

Que retenons-nous de l'expérience 2020 ?

Bien

Nous avons quasiment respiré un air de montagne à Paris.

Mes enfants ont pu vérifier que leur mère savait cuisiner.

J'ai pu vérifier que mes enfants savaient cuisiner.

Nous nous sommes couchés tôt pendant six mois = un teint de porcelaine.

Les placards de la cuisine sont nickel, j'avais des trucs périmés depuis 1997.

Nous avons découvert la vie sans soutif.

Nous avons sorti nos plus belles sapes pour aller à l'hypermarché ou descendre les poubelles.

Nous avons passé du temps avec nos enfants.

Pas bien

Nous avons passé du temps avec nos enfants.

J'ai réalisé que j'habitais chez mon chat.

J'ai fini Netflix, même les séries moldaves.

Je ne peux plus vivre sans chaussons.

Les perspectives de drague étaient réduites à notre immeuble.

Nous avons réglé chaque matin notre pèse-personne en pensant qu'il avait buggé.

Nous avons goûté tous les gâteaux de notre boulanger, même sa quiche aux épinards.

Nous n'avons pas profité du confinement pour acheter un vélo d'appartement.

mamouz

123 456 likes

2. Rire de tout

#PTDR #PourUneTherapieDuRire #SansFiltre

VIVE NOS ANGOISSES

Bon. On se dit tout ? Les écrans, c'est bien, mais ça ne montre que ce que nous souhaitons laisser transparaître de nous. Or que le premier qui n'a ressenti aucun stress ni aucune angoisse au cours des dix derniers jours (minutes ?) lève la main !

Mon clin d'œil archi perso

Rien que ce matin, j'ai cru qu'un de mes fils ne s'était pas levé, puis j'ai couru derrière l'autre pour m'assurer qu'il était suffisamment habillé et nourri, j'ai eu peur de louper mon Zoom avec mes élèves, puis celui avec mon plus gros client. J'ai foncé chez mon pharmacien, parce que mon œil était un peu gonflé, j'ai eu peur de glisser sur une plaque de verglas, vu que je ne voyais pas grand-chose. Avant de sortir, j'ai réfléchi à ma tenue pendant une heure. Si je mets ces chaussures, je vais avoir l'air d'une plouc. Impossible. Si je ne les mets pas, je risque un coccyx cassé. Et comment je vais faire du vélo si tout est verglacé ? Après quoi je suis sortie habillée en cosmonaute et, finalement, plus de neige ni de pluie, rien au sol qui fasse glisser. Tant pis pour ma tenue d'esquimau au boulot. Et comment vais-je réussir à me brancher sur ce live Instagram ? Je suis décidément l'influenceuse la plus nulle niveau technique. Comment vais-je faire si quelqu'un m'appelle en plein direct ? Si mon portable vibre, je vais être déconcentrée et dire n'importe quoi. OK, il faut que je prévienne tout de suite la terre entière de ne pas me téléphoner. Chose que j'ai faite *in medias res*. En ouvrant ma boîte mail, j'ai vu que j'avais 123 nouveaux messages. Je continue ? Je vous raconte aussi que j'aime manger à heure fixe ? Ou vous me rassurez en me disant que pour vous aussi, parfois, c'est compliqué ?

Tout cela pour vous dire : que le stress soit légitime ou insensé, qu'il concerne une décision portant sur la survie des postes de toute une équipe ou bien une pauvre plaque de verglas, il est ressenti et il représente en réalité un formidable élan de vie. Chez certaines personnes, cet élan de vie peut se transformer en créativité. Chez moi, il se métamorphose en rire.

Et vous,

comment sublimez-vous votre stress ?

Peu importe que ce soit de leur vivant ou lorsque l'un des deux a quitté son enveloppe corporelle depuis belle lurette, les grands esprits finissent inévitablement par se rencontrer ! C'est à la genèse du livre que vous tenez entre vos mains que remonte mon meeting au sommet avec ce bon Sigmund, terriblement actif sur mon terrain de jeu préféré. J'y reviendrai plus en détail au dernier chapitre, au moment des adieux. De manière éclatante, Freud démontre que l'humour peut soigner l'esprit et qu'il est même le baromètre le plus fiable de notre psyché, « un don rare et précieux » qui nous permet de préserver intact notre esprit d'enfant. Jackpot : cette seule phrase suffit presque à cautionner scientifiquement l'existence des barres de rire ! Nous pouvons donc continuer à pleurer de rire en nous tapant sur les cuisses, la tête haute !

Gonflée à bloc par le fait que Freud et moi partagions la même analyse, j'ai approfondi mes investigations. Armée d'une grille de lecture freudienne, j'ai décortiqué méticuleusement mes posts, ainsi que les commentaires des followers, espérant bien y trouver un fil rouge souterrain qui me permettrait de nommer précisément le mal auquel l'humour apporte un remède infaillible. C'est l'intervention de mon plus jeune fils qui a mis fin à mes cogitations. Il m'a fait remarquer que, dans une période aussi compliquée que le confinement, @mamouz remplaçait allègrement les anxiolytiques et que les laboratoires pharmaceutiques ne devaient pas m'avoir à la bonne. Il m'a permis instantanément de formaliser l'intuition qui me trottait dans la tête. Elle se résumait en un mot : *angoisse*.

Eh oui, l'humour est le médicament universel contre l'angoisse. Allons même plus loin : l'angoisse rend les gens drôles. Nous avons besoin de rire quand nous sommes angoissés, nous cherchons aussi à faire rire quand nous sommes angoissés (Jim Carrey, si tu nous entends ?). Impossible donc de ne pas consacrer un chapitre à cet état psychologique par lequel s'exprime la folie, voire le génie d'un individu. Pensez donc à tous ces écrivains et ces artistes qui ont produit leurs plus belles œuvres sous le prisme d'une profonde tristesse ou d'une terrible angoisse ! L'angoisse façonne l'âme humaine, elle est intrinsèquement liée à notre condition. Imaginons deux minutes un monde dans lequel personne ne serait ni angoissé ni stressé. Ne serait-il pas synonyme d'un mortifère ennui général ? Je pense évidemment à Thierry Ardisson, qui a toujours refusé la psychanalyse de peur d'y perdre sa complexité et toutes ses lubies. Charlie Chaplin, Pierre Desproges, Gad Elmaleh ou Ibrahim Maalouf auraient-ils été les mêmes s'ils s'étaient gavés d'anxiolytiques ? La moindre de nos angoisses abrite une merveilleuse énergie, parfois comique, dont nous ne mesurons souvent pas la puissance et qu'il ne faut surtout pas chercher à brider.

Mon clin d'œil archi perso

Il y a quelques années, j'avais rendez-vous pour un entretien chez M6. En entrant dans le bureau du très flegmatique directeur des magazines, j'ai été prise d'une monstrueuse crise d'angoisse. Le job n'avait absolument rien de comique, mais pour surmonter ma crise j'ai eu la bonne idée de faire un authentique numéro de cirque. J'ai répondu totalement à côté de la plaque aux questions qu'on me posait, j'ai raconté mes meilleures blagues, j'ai même révélé des trucs assez intimes, je me suis embourbée par moments, mais j'ai été embauchée et suis restée huit ans dans cette excellente maison.

Bref, vive nos angoisses. Si nous sommes angoissés, c'est que nous sommes vivants. Et si nous possédons la capacité de faire rire autour de nous, c'est que nous détenons le meilleur moyen de soigner les angoisses des autres. La vie est bien faite, non ? On s'y met ?

Le corps humain est composé à 65 % d'eau, donc nous sommes juste des concombres avec de l'anxiété.

Mais non, tu n'es pas folle. Ceci dit, j'ai hâte de parler de toi à mon psy.

Quand j'essaie de ne pas me focaliser sur mon angoisse et de respirer calmement, j'ai l'impression d'être de nouveau en 2020.

En même temps c'est cool, cette mode du masque : plus la peine de souffler dans un sac !

Si votre angoisse est trop forte, rappelez-vous qu'en 2020, votre poubelle est sortie plus souvent que vous.

Cette année, puis-je plutôt vous demander un calendrier de l'Après ?

Instagram :

Vous êtes à jour
sur les publications de votre ex.

Vous : Oh, ça va !

Je ne connais pas très bien la recette du lâcher-prise mais j'imagine qu'il y a du rhum dedans.

En ce qui concerne la zénitude, je suis croyante mais pas pratiquante.

Vous voyez ce qu'il se passe lorsque vous séchez votre routine méditation…

Mon psy m'a dit de me focaliser sur mes petites réussites. Ce matin, j'ai transformé de l'eau en café. C'est pas mal, ça. #restonshumbles

Et voici un bal des situations vous permettant d'assurer que, quoi qu'on en dise, « c'est l'angoisse » !

« Maman, c'est qui mon papa ?

– Ma chérie, je ne sais pas, en 2020 tout le monde portait des masques. »

SMS :
« Salut mon amour, tu me manques tellement.
– Je suis le mari.
– Transmettre ce message à trente personnes et vous aurez de la chance. »

Quand je vois ma tête avant d'aller chez :
(rayez les mentions inutiles)
ma belle-mère | le dentiste | mon ex | mon patron,
j'ai l'impression qu'Halloween a déjà commencé.

Salut, je viens de trouver la sortie de chez Ikea®.
C'est quoi, cette histoire de virus ?

Moi quand j'essaie d'ignorer le fait qu'une année complète va s'écouler d'ici à vendredi tellement je suis à la bourre sur mon planning :

« Je vous souhaite une excellente semerde. »

La semaine prochaine a été épuisante.

Et si la solution n'était pas de nous appesantir sur nos angoisses, mais d'en jouer ? De les saisir, de s'en saisir, et de jouer avec ? Je vais vous proposer deux solutions que, moi, je trouve magiques. Pourquoi pas vous ?

BIENVENUE EN ABSURDISTAN

Ma première solution, la voilà. Vous voyez, c'est l'angoisse, OK, mais c'est loin d'être une fatalité. Imaginez un petit pays peuplé uniquement d'habitants tous plus loufoques les uns que les autres. Un pays dont on aurait bien du mal à calculer le PIB puisque, à part rire, on n'y fait pas grand-chose. Dans cette république sans dirigeants et à la constitution absolument indéchiffrable (elle mélange plusieurs langues et est abondamment illustrée), la vie s'est organisée autour de quelques principes simples : tous les jours de la semaine sont des vendredis et toutes les horloges sont bloquées sur 19 heures, pour l'apéro. La police a même été mise hors service, puisque tous les voleurs participent audit apéro…

Ce pays a beau être virtuel, il existe en réalité. Instagram et la prolifération de traits d'esprit ont abouti à définir un nouveau territoire en mutation permanente. Impossible de le baliser : il suffit de trois bons mots et/ou d'une photo détournée sur n'importe quel sujet pour qu'en une fraction de seconde tout le monde soit « pété de rire ». Les surréalistes en ont rêvé, Instagram l'a fait : l'Absurdistan est la terre d'asile de tous ceux qui ont décidé de prendre la vie du bon côté quoi qu'il arrive, de façonner une réalité parallèle jouissive en exploitant tous ses travers, ses contradictions et ses aberrations.

Alors, comme vous semblez intéressé par la question des angoisses, juste pour le plaisir, voici un florilège de bons mots prêts à ce que vous dégainiez votre sourire. (Si cela ne fonctionne pas, je vous ai prévenu, j'ai encore une autre solution à vous proposer juste après. Si en revanche ce plan B à venir ne fonctionne pas non plus, je ne vais plus pouvoir grand-chose pour vous. Quoique...)

Rions sans retenue dans cet espace de liberté infinie qu'est l'Absurdistan.

Mon anxiété

Mon anxiété à mon anniversaire

Nouvelle devise française :

Il faut arrêter de tout interdire, parce que j'arrive plus à désobéir à tout.

Tu t'ennuies pendant un nouveau confinement ? Appelle une association qui défend les droits des femmes et demande le mec en charge.

Très déçu de voir que le prix Nobel n'a pas été attribué à mes amis, malgré leurs formidables travaux de recherche *via* Facebook et leur expérience personnelle.

Porte innocente mais condamnée, merci de ne pas tenter de l'ouvrir !

Julien Doré, Julien Bronzé, Julien Cramé...

Alerte canicule :
À tous ceux qui brassent de l'air,
c'est le moment !!!

Êtes-vous de bonne humeur le matin ?

- ☐ oui
- ☐ non
- ☐ ta gueule

« Il court il court le furet »
est une contrepèterie.

« Es-tu déjà arrivé à pied par la Chine ? »
est une autre contrepèterie.

« Elle a le choix dans la date »
est encore une autre contrepèterie.

« Elle est folle de la messe »
est encore une autre contrepèterie.

« Salut Fred »
est la plus courte des contrepèteries.

« Uuuuuuuuuuuur,
arrrrrrrr, uhrrrrrr,
ahhhhhrrr, arrrrr. »
(Chewbacca)

« Il ne faut pas croire tout ce qui est écrit sur les réseaux sociaux. »

(Vincent van Gogh)

« Bon, je vous laisse, je vais faire une machine. »

(Léonard de Vinci)

Je t'écouille.
Un subtil mélange entre je t'écoute et je m'en bats les c*******.

LE JEU DE L'ANGOISSE

Si l'absurde ne vous fait pas plus rire que cela, passons directement au plan B. Il s'agit du jeu de l'angoisse. Dit comme ça, ça vous tente, hein ? C'est pourtant le véritable chemin vers le lââââcher-priiiise : accepter ce qui est. Alors, n'attendez plus !

Le premier mot que vous verrez apparaître vous donnera votre horoscope du jour.

W	I	Z	E	A	H	M	X	S	B	P	Q	Z	B	L	G
Y	T	H	X	N	K	G	S	A	T	D	F	R	E	W	A
T	I	A	Q	G	Y	R	C	S	N	U	G	U	N	R	N
Z	U	N	M	O	U	K	X	L	E	G	X	T	K	D	E
E	D	S	L	I	E	W	G	N	F	S	O	S	U	X	F
S	V	B	N	S	D	J	U	S	K	A	R	I	J	U	S
S	G	H	J	S	W	E	D	R	A	F	O	X	S	W	K
I	P	M	L	E	A	W	U	J	L	V	P	J	V	S	P
O	I	N	H	A	B	R	J	P	U	X	B	T	W	F	E
G	V	Z	F	V	A	N	G	O	I	S	S	E	S	W	E
N	M	I	S	E	L	S	A	K	F	F	J	W	D	W	S
A	Y	N	D	B	E	O	V	T	X	P	G	V	A	F	S
U	J	T	W	E	N	S	D	A	B	E	S	K	W	W	I
I	J	K	E	S	S	I	O	G	N	A	W	L	P	E	O
P	H	L	V	B	R	T	P	Q	C	G	I	Z	H	E	G
Q	F	M	C	N	E	Y	O	S	F	B	Y	Q	D	Y	N
S	D	W	X	Z	A	U	I	D	V	N	E	S	J	U	A

Angoisse

Et là, le premier mot que vous lirez ici vous donnera un aperçu de vos prochaines vacances.

W	I	Z	E	M	H	M	X	S	B	P	Q	Z	B	L	G
Y	T	H	X	A	K	G	S	M	T	D	F	R	E	W	A
T	I	M	Q	I	Y	R	C	S	A	U	G	U	N	R	N
Z	U	A	M	S	U	K	X	L	E	I	X	T	K	D	E
E	D	I	L	O	E	W	G	N	F	S	S	S	U	X	F
S	V	S	N	N	D	J	U	S	K	A	R	O	J	U	S
S	G	O	J	S	W	E	D	R	A	F	O	X	N	W	K
I	P	N	L	E	A	W	U	J	L	V	P	J	V	S	P
O	I	N	H	A	B	R	J	P	U	X	B	T	W	F	E
G	V	Z	F	V	M	A	I	S	O	N	S	E	S	W	E
N	M	I	S	E	L	S	A	K	F	F	J	W	D	W	T
A	Y	N	D	B	E	O	V	T	X	P	G	V	A	F	N
U	J	T	W	E	N	S	D	A	B	E	S	K	W	W	O
I	J	K	E	S	N	O	S	I	A	M	W	L	P	E	S
P	H	L	V	B	R	T	P	Q	C	G	I	Z	H	E	I
Q	F	M	C	N	E	Y	O	S	F	B	Y	Q	D	Y	A
S	D	W	X	Z	A	U	I	D	V	N	E	S	J	U	M

Maison

Pour finir, la première expression qui apparaîtra ici constituera votre devise du jour.

W	I	Z	E	B	H	M	X	S	B	P	Q	Z	B	L	G
Y	T	H	X	A	K	G	S	B	T	D	F	R	E	W	A
T	I	B	Q	L	Y	R	C	B	A	L	E	K	N	R	N
Z	U	A	M	E	U	K	X	L	E	L	X	T	K	D	E
E	D	L	L	K	E	W	G	N	F	S	E	S	U	X	F
S	V	E	N	N	D	J	U	S	K	A	R	K	J	U	S
S	G	K	J	S	W	E	D	R	A	F	O	X	N	W	K
I	P	N	L	E	A	W	U	J	L	V	P	J	V	S	P
O	I	N	H	A	B	R	J	P	U	X	B	T	W	F	E
G	V	Z	F	V	B	A	L	E	K	S	V	E	S	W	E
N	M	I	S	E	L	S	A	K	F	F	J	W	D	W	T
A	Y	B	A	L	E	K	V	T	X	P	G	V	A	F	N
U	J	T	W	E	N	S	D	A	B	E	S	K	W	W	K
I	J	K	E	S	N	K	E	L	A	B	W	L	P	E	E
P	H	L	V	B	R	T	P	Q	C	G	I	Z	H	E	L
Q	F	M	C	N	E	Y	O	S	F	B	Y	Q	D	Y	A
S	D	W	X	B	A	L	E	K	V	N	E	S	J	U	B

Balek

Deux zéro deux quatre, c'est :

2024	0044
0024	2044

Vous n'avez absolument pas ri au cours de ce chapitre ? Il ne vous reste plus qu'une voie, bien plus belle qu'on ne l'imagine.

LE POINT DE VUE DE **GÉRALD ARNO** ALIAS **ÉTIENNE DORSAY**

Vous souvenez-vous d'Étienne Dorsay ? C'est ce personnage immortalisé par Jean Rochefort, inoubliable dans cette composition de bourgeois suranné bon chic bon genre dans *Un éléphant ça trompe énormément* d'Yves Robert. Étienne Dorsay, quelques mois après la parution de *La vie rêvée d'Étienne D* aux éditions Marabout, me fait l'immense honneur de répondre à mes questions, bien calé dans son Chesterfield, avec sa veste en tweed. Grand angoissé devant l'éternel, il est le candidat idéal pour cet interrogatoire.

@Mamouz : *Bonjour Étienne ! Enfin Gérald Arno... Je ne sais plus très bien à qui je dois m'adresser ! Pourquoi vous être glissé à ce point dans la peau de Dorsay ?*

Gérald Arno : Je me pose encore la question... Et je la pose régulièrement à quelqu'un que je paie assez cher pour m'écouter et qui est censé m'aider à trouver un sens à l'existence et aux questions qui me harassent.

Plus sérieusement, cette idée m'est venue en écoutant une interview de Jean Rochefort, qui m'a fasciné par son phrasé, son humilité grandiloquente. Et j'ai eu l'idée de transposer ce personnage ou, plus précisément, l'idée que je m'en faisais en observateur désabusé de l'époque actuelle.

M : *Quelle est la pire de vos angoisses : l'open space, la mise à jour des smartphones ou les poke bowls ?*

GA : J'ignore totalement le sens même de la troisième proposition ! Entre les deux premières, je dois admettre que, bien que raillant régulièrement l'écosystème de l'open space et ceux qui le peuplent, je préférerais sans doute y travailler que d'enseigner la zumba ou d'évoluer dans un univers nécessitant, même dans des proportions infinitésimales, une quelconque compétence en bricolage. Par voie de conséquence, la mise à jour d'un smartphone me paraît être l'idée la plus anxiogène des trois, d'autant que, puisque nous nageons dans les eaux troubles du lac de la confidence, je n'ai pas encore cicatrisé de l'arrêt brutal du Minitel.

M : *Qu'est-ce que le bonheur pour vous : boire un porto en peignoir ou vous installer à la terrasse du Café de Flore pour regarder les filles ?*

GA : Malgré les apparences, j'apprécie les combinaisons audacieuses. Je dirais donc boire un porto en regardant les filles. Cela me semble plus convenable que d'aller en peignoir au Flore.

M : *Qu'est-ce qui vous donne envie d'être lapidaire ? Et d'abandonner votre flegme légendaire ?*

GA : Les restaurants tendance, où les tatouages du chef ont coûté plus cher que le mobilier inconfortable au possible (j'ai un léger contentieux esthétique avec l'école scandinave) et qui s'évertuent à nous infliger des playlists infestées de reprises bossa-nova de standards qui n'ont rien demandé à personne. Un enfer accoustico-gustatif, qui pourrait m'amener sur le chemin chaotique d'un renoncement au flegme.

M : *Quels sont les grands débats de société malheureusement laissés pour compte ?*

GA : On se fait les gorges chaudes du conflit pain au chocolat/chocolatine ou du clivage lait avant/après les céréales alors qu'il y a des drames oubliés qui méritent un peu plus d'attention. Je cite en vrac : la fatwa contre les coudières sur les vestes, l'ostracisation du céleri rémoulade (une croisade personnelle), sans parler de l'engouement incompréhensible pour le sucré salé qui pourrait me rendre violent.

M : *Quelle est la plus grande faute de goût du XXIe siècle ?*

GA : Acheter des blue-jeans troués plus chers que des blue-jeans non troués. De l'absurdité en barres. Encore un signe que notre civilisation travaille avec acharnement à son déclin.

M : *Pourquoi datez-vous la fin du monde à la disparition du Minitel ?*

GA : C'est le moment exact où nous avons basculé dans l'immédiateté. La lenteur du chargement d'une page Minitel nous ramenait à l'insignifiance de l'Homme à l'échelle de l'espace-temps. Le modem 56k a été le déclencheur de cette perte d'humilité face à l'infiniment grand. Nous étions poussière, nous nous croyons désormais géants.

M : *Avec vous, difficile de savoir ce qui relève du premier ou du second degré ! Le savez-vous vous-même ?*

GA : On devrait prendre la température de l'humour des internautes avant de les laisser entrer dans un réseau social, pour savoir s'ils sont au premier ou au second degré. Cela apaiserait bien des débats. Vous comprendrez aisément que je taise les résultats de cette prise de température me concernant, secret médical oblige.

M : *Pourquoi ne faites-vous pas du coaching en développement personnel ? Vous avez l'air de vous y connaître en termes de quête de sens !*

GA : Je ne me sens pas légitime à être les petites roues d'autrui, ayant beaucoup de mal moi-même à diriger ma modeste personne sans perdre l'équilibre. Enfin et surtout, je ne vois pas ce qui reste à dire sur le sujet après l'œuvre immense de Rika Zaraï.

MON MOT DE LA FIN

J'ai cherché un bon mot sur l'angoisse et l'absurde et j'ai trouvé : « Il fait beau et chaud. » Je vous laisse sur cette contrepèterie lourde de sens, preuve qu'on peut dire des choses profondes avec légèreté. Et ne me dites pas que je ne vous ai pas fait sourire ?!...

mamouz

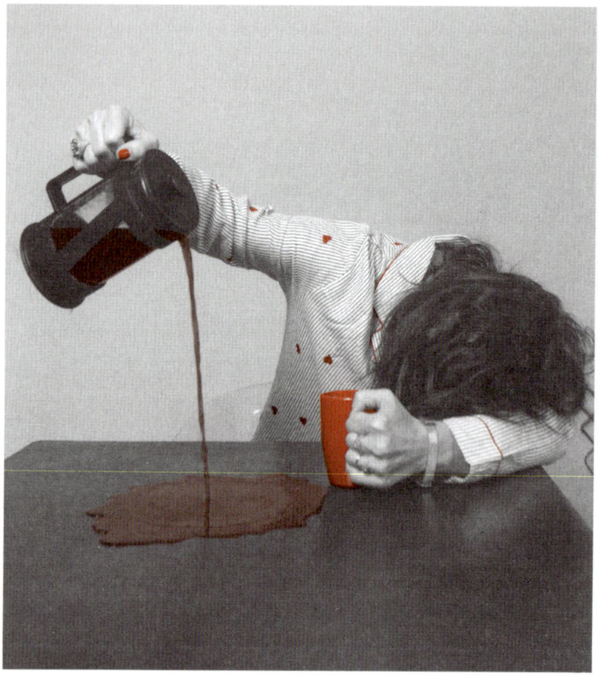

123 456 likes

3. Rire de rien

#PTDR #PourUneTherapieDuRire #SansFiltre

FAMILLE, JE VOUS HAI...ME

Tout ce qui tourne autour du quotidien, de la vie ordinaire et du plus effroyablement banal est assuré de récolter le jackpot du like. C'est que nous sommes tous concernés et que la thérapie du rire peut opérer. Vous êtes prêt ?

To-do-list du lundi matin : épuisé du week-end, attendre le vendredi.

Courage, le lundi n'est qu'un nouvel an miniature.

J'ai une lundigestion.

Ça commence évidemment par les blagues autour du café matinal, ce fuel indispensable pour démarrer la journée. Je fais partie du groupe *Les Sans caférien*. Comme tous ses membres, j'ai beau être la fille la plus charmante, la plus sociable du monde, il est préférable de ne pas m'adresser la parole avant mes dix premières tasses. Vous l'aurez compris, nous sommes une sorte de Gremlins du matin.

$$E = mc^2$$

$$Energy = milk \times coffee^2$$

$$(Énergie = lait \times café^2)$$

Je pourrais aussi parler de cette autre confrérie aux millions de membres, celle des gens qui manquent de sommeil…

Mon plus grand fantasme serait de me réveiller et d'avoir assez dormi.

Certains se lèvent du pied gauche,
d'autres du pied droit.
Moi je me lève et c'est déjà pas mal.

Pour l'immense majorité de la population, *matin* veut dire « marathon ». Il faut se laver, s'habiller, se peigner, bla-bla-bla… Et selon le cas, les difficultés sont plus ou moindres grandes.

Le livre dont vous êtes le héros…

- ☐ **Si vous avez un ou plusieurs enfants, restez sur cette page.**
- ☐ **Si vous êtes free-lance et libre de réveille-matin, sautez cette sous-partie.**
- ☐ **Si, comme Sarkozy, vous vous levez tôt et que vous aimez ça, refermez ce livre.**

Les choses se corsent si, en plus, des mini-colocs vivent avec vous… Il n'est pas rare que le cerveau disjoncte quand on a des enfants en bas âge et un métier.

J'me sens d'humeur Caroline Ingalls. C'est une humeur où, peu importe ce qui se passe dans le monde, t'en as rien à foutre, tu fais des tartes aux pommes.

Mon clin d'œil archi perso

Chez moi, le matin se caractérise par des éléments de langage pas vraiment cohérents à l'attention de mes Minipouss. Il n'est pas rare de m'entendre hurler des « Mange ton slip » ou « Enfile ta biscotte », etc. Auxquels vient s'ajouter le couplet à rallonge du « T'as ton Navigo ton cahier d'anglais chinois russe maths ta blouse de physique tes clés… » Inutile de me le rappeler, je fais dans le Perec du pauvre malgré des efforts incessants.

Parfois, je regarde mes enfants et je me demande ce que je ferais sans eux, et après je pleure ; parce que je ferais tellement de trucs !

Ce qu'on dit :

À sa mère :

J'ai faim…

J'ai froid…

J'ai chaud…

Je peux avoir…

Je veux regarder…

Où es-tu ?

Demande à papa…

Tu peux m'aider ?

Il m'a frappé…

Elle m'a frappé…

J'ai envie d'aller…

Quand est-ce que…

Pourquoi on fait…

À son père :

Où est Maman ?

Respecte tes parents,
ils ont suivi toute leur scolarité sans Google !

Trop hâte de recevoir le bulletin de mes enfants pour connaître mes résultats ce trimestre !

Mon clin d'œil archi perso

Eh bien, je dois dire que j'ai vécu une situation analogue quand j'étais enfant. J'avais trois ans. Ma mère super étourdie faisait le plein d'essence et je suis descendue pour aller me promener. Elle a redémarré en m'oubliant. Un jour, elle a aussi perdu mon frère dans les grands magasins. Une autre fois encore, en Algérie où nous habitions alors, mes parents sont sortis prendre un verre sans nous prendre de baby-sitter. J'avais quatre ans et mon frère six mois. J'ai atterri chez les voisins en pyjama, en les suppliant de nous adopter… Et le plus drôle, c'est que mes parents rigolent à chaque fois que nous leur rappelons leurs faits d'armes. Voire ils se moquent de moi et de mon « traumatisme »…

Difficile de jouer les drama queen avec des parents comme ça ! Leur fantaisie dans notre vie quotidienne, leur légèreté et leur gaîté ont illuminé notre vie. C'est sûrement grâce à eux que ce petit lutin joyeux sommeille en moi. Comme des milliers d'autres, je me débats avec la routine. Bref, soyez rassuré : vous n'êtes pas seul, tant s'en faut !

« Je suis soltigué. C'est comme fatigué, mais un ton au-dessus[6] ».

Je n'arrive pas à décider si j'ai besoin d'un câlin, d'un café XXL, de six shots de vodka ou de deux semaines de sommeil.

6. Nous devons ce trait d'humour à Sandrine Fillassier, auteure.

JE CHERCHE L'EXTRA DANS L'ORDINAIRE

Inutile de se voiler la face, le départ des enfants à l'école constitue toujours un immense soulagement. Enfin, du temps pour soi... Ou plutôt du temps pour prendre le métro, le vélo ou la route, et exercer son dur labeur en se répétant que « thank's god it's mardi, it's mercredi »... Ce mantra est bien sûr utilisable plusieurs fois dans la journée.

Qui touche à la barre du métro fait confiance à son système immunitaire.
(Proverbe parisien)

C'est généralement une fois que nous sommes assis sur notre strapontin qu'un éclair de lucidité nous traverse le cerveau : nous avons pris le grille-pain à la place de l'ordi, le sac de sport au lieu du bento du déjeuner.

Après, le programme de la journée s'annonce peu réjouissant : se farcir les collègues et leurs problèmes de cœur ou de gosses, sans oublier le boss et son stress puissance mille. Faire ses courses sur Internet (valider son panier en fin de commande devrait faire partie des disciplines olympiques) pendant une réunion ultra-chiante, ou encore *tra-bailler*, c'est-à-dire travailler et bâiller en même temps. Le tout évidemment sans oublier d'être sexy, donc de courir faire du sport à l'heure du déjeuner. De toute façon, il ne reste plus que ça..., puisque je vous rappelle qu'on a oublié le bento et hors de question d'aller à la cantoche avec Valoche, pour parler de la pluie et du beau temps.

C'est dans ces moments que je passe toute info par le filtre de la rigolade ou de la poésie. Et que j'enfile mes lunettes virtuelles qui transforment ce que j'ai devant moi.

J'imagine alors des histoires torrides entre des collègues qui se détestent. Je réfléchis très sérieusement à leur sosie de la loose et de la win : je suis Catherine Zeta-Jones pour le bon côté et Matthieu Chedid pour l'autre. Vous devriez essayer, c'est dément.

Il existe deux règles pour réussir :

1. **Ne révélez jamais tout ce que vous savez.**

2. **Ne révélez ja-mais tout ce que vous savez.**

J'invente aussi des messages de bureau pour mes collègues absents. Par exemple, je note sur un Post-it qu'il est demandé de rappeler M. Lion à un numéro qui est… celui du cirque le plus proche. Ou de téléphoner à M. Boiteux, excellent kiné, ou encore M. Beauregard, ophtalmo. Ces personnes, elles, existent vraiment. Mieux encore : j'inverse l'affichage d'un écran d'ordinateur et j'attends la réaction consternée, paniquée, ultra-stressée du propriétaire qui, bien sûr, ne sait pas que l'on peut en deux clics rétablir le sens de l'affichage et qui se voit déjà passer une demi-journée au téléphone avec le service informatique. Oui, je suis coquine. C'est aussi pour ça que vous m'aimez.

**J'ai vraiment failli être de bonne humeur, aujourd'hui…
Ça s'est joué à un con près.**

**Une vodka-Xanax®,
un jus de Lexomil® et
un nouveau patron, s'il vous plaît.**

C'est généralement autour de 16 heures que je lance de grands débats de philosophie ordinaire autour d'un thème d'une consternante banalité. La pluie est le mètre étalon en la matière.

J'organise deux teams, une pour la pluie et une autre contre. À chacune de développer et de valoriser ses arguments pour remporter le match. Soit :

1. **accepter la pluie ;**

2. **râler car il pleut, avec une litanie de phrases redondantes qui ne font pas avancer le schmilblick. Comme : je n'aime pas la pluie, je ne peux pas venir au travail car mes cheveux frisent, j'aurais voulu qu'il ne pleuve pas, ma vie serait beaucoup plus belle s'il ne pleuvait pas, etc.**

Urgence ou pas urgence, heures sup' ou pas heures sup' : je prends toujours le temps de rire ! Essayez, quoi qu'il arrive, ça change la vie ! (Et ça rend les rides plus jolies.)

Le rire au travail, c'est du sérieux !

Qui l'eut cru ! Le rire au travail est plein de vertus. Et c'est prouvé. Des entreprises, même celles du CAC 40, auraient déjà embauché des rigologues. (Oui, figurez-vous, ça existe !) Ils sont formés à l'école internationale du rire (je vous jure !), qui promeut le rire comme facteur de lien social et d'appartenance à un groupe. L'être humain rit douze fois moins seul qu'en présence d'autres personnes. Voilà enfin une bonne raison pour kiffer l'open space !

96 % des salariés jugent le rire indispensable, très important ou important. Il faut dire que la liste de ses qualités est longue : diminution du stress, sensation de bien-être, amélioration de la confiance en soi et de la communication, meilleure concentration, amélioration de l'atmosphère de travail. C'est aussi un instrument de leadership. En effet, grâce aux rires et aux sourires, le dirigeant réduit le stress de ses collaborateurs et élève leurs performances. L'humour améliore la créativité, favorise les associations mentales inhabituelles. Avec de l'humour, on peut transmettre des messages et dédramatiser des guéguerres entre équipes. On peut même quantifier les résultats : 10 % de performance en plus.

Seul bémol : au travail, le rire doit se construire *avec* les autres, et non *contre*. Inspirons-nous des Anglo-Saxons et de leur capacité d'autodérision, qui est tout à fait adaptée au monde de l'entreprise. En particulier, attention aux blagues lourdes ou sexistes : remisez-les directement à la poubelle.

Plus une seconde à hésiter : il est encore temps de décider de rire toute la journée !

Comment éviter le stress au travail ?
N'allez pas au travail !

Je viens de croiser mon envie de travailler. C'est confirmé : on ne va pas au même endroit.

La médecine du travail
est la preuve que le travail est bien une maladie.

Rentraie :
En avoir déjà plein le cul.

JE SUIS WEEK-END

Préoccupation immuable dans cette douce routine : commencer dès 17 heures à me projeter à l'apéro qui se profile sur les coups de 19 heures. Peu productif certes, mais que pouvons-nous y faire ? Comme pour presque tous les Français, c'est inscrit dans mon ADN : je suis *A-péritif*.

C'est le genre de jour où j'aimerais que du mojito coule de ma douche.

Ma femme m'a donné quatre jours pour arrêter de boire. J'ai choisi le 3 février, le 15 juillet, le 10 septembre et le 8 décembre.

C'est le moment parfait pour porter à votre connaissance cette nouvelle tendance issue du mot *kalsarikännit* en finnois et qui désigne le plaisir de se prendre une cuite, seul, en slip/culotte/gaine, chez soi.

J'abandonne l'alcool jusqu'à Noël.
Pardon, erreur de ponctuation.
J'abandonne. L'alcool jusqu'à Noël.

J'ai inventé une machine à voyager dans le futur qui t'emmène directement à l'heure de l'apéro ! Je l'ai appelée « la sieste ».

17 heures :
Ce moment où tu hésites clairement entre le goûter et l'apéro…

Voilà pour le programme de la semaine. Puis arrivent le big WE, le week-end, et son lot d'activités tournées uniquement vers le plaisir.

Ménage intensif, changement des housses de couette (à quand reconnu comme sport extrême ?) dans TOUTES les chambres et constitution d'une to-do-list titanesque :

- **visiter au moins quatre musées ;**
- **lire ce livre, puis cet autre livre, sans oublier celui-là ;**
- **faire plus de sport (donc se lever encore plus tôt) ;**
- **apprendre un nouveau truc pour faire fonctionner son cerveau : broderie, pâtisserie, hébreu, sculpture en pâte à sel... ;**
- **essayer de trouver un moyen de sauver son mariage ou organiser un rencard pour le brunch dominical.**

Le samedi, je fais shabbat. Je suis orthodoxe en la matière : je ne fais rien. Merci Papa !

On m'a dit qu'il faut apprendre à vivre
avec ses erreurs...
Mais tout bien réfléchi, je vais plutôt opter
pour le divorce.

D'après une étude récente, une femme devient chiante
tout simplement parce que vous la faites chier.

Ne vous moquez jamais des choix
de votre femme. Vous en êtes un.

Mon mari m'a énervée aujourd'hui,
alors j'ai versé un peu d'eau sur le plancher
devant la machine à laver.
Ça fait deux heures qu'il essaie de la réparer.

Je rappelle à tous les jeunes qui se plaignent de se faire chier le dimanche qu'à notre époque on n'avait pas Internet mais Jacques Martin.

Et le dimanche, je ne fais rien non plus. Merci Maman ! Je fais croire à mon mari que je m'occupe d'un stand à la paroisse du quartier, dont les pères Bash et Maje sont responsables. Je reviens évidemment les mains vides, je laisse mes sacs dans les magasins et les récupère le lundi matin. Et au cas où mon mari m'attrape, je lui réponds que c'était les soldes. Et avec moi c'est les soldes toute l'année !

Bon, OK, je force un peu le trait. Mais retenez qu'être multi-confessionnelle a vraiment beaucoup d'avantages ! D'autant que j'arrive toujours à caser une petite séance de yoga ou de méditation, un jour ou l'autre.

Qui dit week-end dit temps, par ailleurs, pour cuisiner. En fait, pas du tout ! En général, j'appelle *Deliverez-nous* (enfin Deliveroo®). Je connais tous les livreurs par leur prénom, celui de leur femme aussi, de leur mère.

Le pire pour moi, c'est d'être invitée à la campagne. Se glisser la première nuit dans les draps mi-humides mi-gelés, devoir être habillée et présentable pour boire un café Ricoré. Je suis loin de l'image d'Épinal. En revanche, si vous voulez m'inviter pour une fin de week-end, comme disent nos cousins canadiens, au soleil ou à Biarritz, je dis OUI. Là, les choses sont différentes. Je glisse robe et lunettes de soleil dans mon sac et à moi la vie d'artiste ! M'enfin, ça n'arrive jamais.

Finalement, je me résigne et j'accepte que tout se termine piteusement devant Netflix avec une tablette noir/praliné achetée à un prix indécent.

**On vote tous pour un week-end
de quatre ou cinq jours
et une semaine de deux jours.
Qui a bien pu décider que ce serait l'inverse ?**

LE POINT DE VUE **D'ADÈLE VAN REETH**

En voiture ou sur une chaise longue, cet été, je me suis délectée en replay des émissions d'Adèle Van Reeth, *Les Chemins de la philosophie* sur France Culture. Pas totalement un hasard, puisque cette philosophe dont les connaissances semblent sans limites est aussi une fidèle parmi les fidèles de @mamouz. J'ai trouvé ma candidate idéale pour nous éclairer sur la dimension profondément philosophique de l'humour. Et depuis la parution de son livre sur la vie ordinaire, elle est aussi la personne adéquate pour nous dire comment nous en sortir face à la douce tyrannie du quotidien.

@Mamouz : *Aristophane exhortait au rire sous toutes ses formes. Diogène, le représentant de l'école cynique, aussi... L'ironie est l'arme socratique par excellence. Confirmes-tu, avec tes copains grecs, que le rire est bon pour le moral et plus largement pour la démocratie ?*

Adèle Van Reeth : Bien sûr ! Et pourtant les philosophes qui prônent le rire ne sont pas forcément les plus drôles... C'est tout le problème avec le rire : il est très difficile de réfléchir sur l'humour ET d'être drôle en même temps. Comme si le temps long que demande la réflexion ne permettait pas de réunir les conditions nécessaires à l'apparition d'un éclat de rire. À moins que ce ne soit une question de caractère ? ou de snobisme ? L'idée que rire ce n'est pas sérieux, et donc que cela ne peut pas faire l'objet d'une réflexion philosophique ou intellectuelle, est très répandue. Les intellectuels réfléchissent beaucoup plus aux films dramatiques qu'aux comédies par exemple, même si c'est en train d'évoluer. Quoi qu'il en soit, le rire a une force politique extrêmement puissante, parce qu'il désarme immédiatement la solennité attendue de la part des représentants politiques. Or c'est bien souvent dans le trait d'humour et la surprise qui l'accompagne que les prises de conscience peuvent se faire. Éclater de rire n'est pas un argument, mais cela crée une disposition d'esprit qui permet d'aborder le même sujet sous un angle différent. Ce qui en fait un outil de résistance incomparable.

M : *J'ai relevé cette citation dans ton podcast sur Molière : la comédie a pour but de « corriger les mœurs par le rire. » Qu'en penses-tu ?*

AVR : Molière a tout compris, non seulement sur la nature humaine, mais aussi sur les rapports de force entre les individus qui enferment ces derniers dans des étiquettes imposées par la vie en société. Le recours à la caricature morale permet de forcer le trait et de faire apparaître le ridicule contenu dans ces postures morales qui s'effondrent en un instant. Molière peut ainsi faire tomber les masques sans faire la morale, précisément : Tartuffe apparaît dans toute sa misère au terme d'un canular hilarant, ce qui est à la fois jouissif pour le spectateur qui assiste à l'imposture depuis le début de la pièce et très efficace, parce que le ridicule est beaucoup plus fort qu'une longue argumentation. Grâce aux comédies, Molière s'est forgé une arme sans précédent pour déjouer les codes de son temps. Elles fonctionnent comme un miroir qui projette aux spectateurs leurs propres aberrations. La pilule passe plus facilement dans un éclat de rire…

M : *L'humour que j'aime est né au siècle des Lumières. Celui du détachement, des mots d'esprit. L'humour à cette époque était un signe de raffinement. Me trouves-tu proche de Voltaire ? (Ça va, j'ai le droit de rêver !)*

AVR : À cette différence près que Voltaire pouvait être cinglant avec ses adversaires ! Je n'ai jamais lu de méchanceté de ta part. Mais si @mamouz entrait en politique, assurément, il y aurait un esprit voltairien, au sens où celui-ci consistait à exercer le rire pour préserver la liberté de manière inconditionnelle. Le rire peut offenser, blesser, choquer, et cette insolence peut paraître insupportable pour ceux qui confondent ce dont on se moque (des idées) avec la personne elle-même. Se moquer de quelqu'un, ce n'est pas drôle. Faire rire en montrant l'absurdité des comportements, c'est l'essence même du geste humoristique. Au fond, avoir de l'humour implique le fait de savoir ne pas faire grand cas de sa personne, ce qui, je te l'accorde, n'est pas la chose au monde la mieux partagée.

M : *Pourquoi pouffons-nous comme des gosses face aux publications d'Instagram ? C'est le caractère bergsonien du rire ?*

AVR : Bergson définit le rire comme un accident, le surgissement de l'inattendu dans une situation où tout paraissait prévisible. Sur Instagram, on ne s'attend pas à rire, on y va pour penser à autre chose (quelle que soit son activité), on y va sans savoir quoi en attendre. Tomber sur un post de @mamouz fonctionne comme une petite bombe qui nous fait sursauter : en moins d'une seconde, nous nous retrouvons face à une image et quelques mots qui secouent notre état de torpeur et nous projettent dans une situation inattendue. Les enfants, le boulot, la politique, autant de choses qui composent notre quotidien mais que nous ne voyons pas habituellement sous l'angle de l'humour. Partir du familier pour en tirer de l'inattendu, parfois jusqu'à l'absurde, c'est une bonne définition de l'humour de @mamouz !

M : *J'adore les phrases de Kundera sur l'humour : « L'humour : l'ivresse de la relativité des choses humaines ; le plaisir étrange issu de la certitude qu'il n'y a plus de certitude. » Penses-tu que le rire permette de relativiser et même de vivre ?*

AVR : Le rire ébranle nos convictions et crée un sas de décompression unique. Soudain, le poids s'allège et un choc se produit : nous allons tous mourir, mais nous sommes bien vivants, alors que faire de cette vie ? Je crois que l'humour nous renvoie à notre condition d'êtres mortels dans le déni. Nous ne pouvons pas vivre quotidiennement avec l'idée de notre mort, ce serait insupportable. Mais la rencontre entre l'infiniment petit (une blague, un détail poussé à l'extrême) et l'infiniment grand (Dieu, la mort) produit un décalage qui non seulement fait sourire, mais nous réconcilie avec notre condition humaine. « Non seulement Dieu n'existe pas, mais essayez de trouver un plombier le dimanche ! » lance Woody Allen qui, une fois de plus, a vraiment tout compris à l'humour.

M : *Pour conclure, je vais te citer : « J'ai un problème avec la vie ordinaire. Le drame c'est l'eau tiède, la vie qui continue après la fin du film. » As-tu trouvé une solution pour endurer la durée ? Ton remède est-il l'intranquillité ?*

AVR : L'intranquillité n'est pas un remède, c'est un état de fait auquel j'essaie de trouver des vertus puisqu'il est là, que je le veuille ou non. Mais c'est elle qui me fait souhaiter des interruptions permanentes, précisément pour endurer la durée. Ça tombe bien, au XXIe siècle, les interruptions de durée sont omniprésentes, notamment par les réseaux sociaux. Mais ça rend fou, ces interruptions intempestives. Tout compte fait, je crois que je préfère encore la durée continue, qui elle, au moins, me permet d'écrire… et quand je n'en peux plus, @mamouz est là pour me rappeler que je ne suis pas grand-chose et qu'on est tous dans le même bateau. C'est toujours ça de pris ! Et ça me donne du cœur à l'ouvrage.

Quand on est mort, on ne sait pas qu'on est mort. C'est difficile seulement pour les autres.

C'est la même chose quand on est con.

MON MOT DE LA FIN

Comme dit l'auteur anglais Peter James : « La routine structure. La structure ouvre une perspective. La perspective un horizon. » On arrête de se plaindre. Elle est pas belle, la vie… ordinaire ?!

mamouz

123 456 likes

4. Sourire. Beauté en touche

#PTDR #PourUneTherapieDuRire #SansFiltre

POILS, COMPLEXES, BOTOX : TOUS ÉGAUX

On rêve tous et toutes d'être minces, sportifs, sans rides ni racines, le cheveu brillant et toujours hydraté.

Un genre de beauté fatale hollywoodienne entre Gwyneth Pas Trop et George Cloné. La vérité c'est qu'en rentrant du boulot on est affamés et qu'on se jette sur les coquillettes-fromage râpé du petit sans aucune retenue. Et pour se déculpabiliser, on prévoit une séance de sport le lendemain… Séance qu'on annule au réveil pour cause de flemme ou d'enfant ou de maison à gérer. Adieu cours de gym format Zoom ou salles de sport…

Dans nos emplois du temps de folie, qui consistent à jongler entre le boulot, le ou la conjointe, le remplissage des placards, les lessives (ça y est, rien qu'à faire la liste, je suis épuisée), pas franchement facile d'être nickel niveau poils et racines !

Quand tu retrouves ta copine après la quarantaine.

Suite à la COVID, mon ventre plat est en congés jusqu'en 2024, merci pour votre compréhension.

Peur de finir ma quarantaine avec :

- ☑ **la chevelure de Sophie Fontanel ;**
- ☑ **le vestiaire d'Eminem ;**
- ☑ **la silhouette de Loana.**

Bref, le physique est un sujet qui revient très régulièrement dans mes publications. Je récolte toujours une pluie de likes et de commentaires positifs quand je fais passer le message que, au fond, on est tous pareils, qu'on s'appelle Caroline de Maigret, Amandine Petit, Philippe mon pharmacien ou encore @bohemeparis_fr !

J'ai une sale tête ce matin. Vivement que ma beauté intérieure prenne le dessus.

Cessez donc de retoucher vos photos !
Le jour où vous serez porté disparu,
on ne vous retrouvera jamais !

Alors que je me regardais dans le miroir, l'ampoule de la salle de bains a grillé.
Elle n'a pas dû supporter ma beauté étincelante.

Avant on testait les cosmétiques sur les animaux, maintenant on a les youtubeuses.

MINCIR SANS M'AIGRIR

Dans ce domaine, je suis devenue assez experte. Faisant partie définitivement de la #teamgourmande, j'ai bien sûr testé tous les régimes. Avec des frères à la maison, puis des fils, j'ai dû apprendre à gagner face au Nutella® qui crie mon nom sur les étagères.

Les cochonneries qu'on mange en cachette sont toujours emballées dans des papiers qui font un bruit à dénoncer n'importe quel suspect.

Les personnes bourrées, les enfants et les leggings disent toujours la vérité.

J'aimerais avoir la paix et la sérénité de cette vache…

Le corps, je l'ai déjà !

Chou, sachet protéiné, Thonon®, une pomme par jour, Weight Watchers® : aucun régime ne m'a réussi. J'ai même essayé le Médiator, avec comme résultat instantané palpitations et migraines à haute intensité. J'ai eu la bonne idée de stopper très vite ce médicament de malheur. Bref, comme beaucoup, j'ai plus perdu d'argent que de kilos, le grand classique.

Et un jour, j'ai compris, j'ai eu le déclic. La méditation et le rire allaient me faire mincir ! Si si je vous jure… D'abord, le yoga met à distance la compulsion, donc la fourchette et sa cargaison de calories. Ensuite, s'armer d'autodérision permet d'éloigner les envies de se remplir. Mais alors, combien de temps faut-il rire par jour pour maigrir ?

Commencez dès le réveil : grâce à une petite blagounette matinale, vous partirez dans un long fou rire, votre rythme cardiaque s'emballera, vos abdos se contracteront… Vous brûlerez ainsi quelques calories au passage. Easy !

L'avis des scientifiques

Les chercheurs[7] ont établi que, rien qu'en rigolant, nous pouvions perdre environ une calorie par minute ! Plus le rire est prononcé et durable, meilleur c'est pour notre ligne ! En effet, ces mêmes scientifiques[8] avancent qu'un fou rire de dix à quinze minutes nous permettrait de brûler quarante calories... Youpi !

Docteur @mamouz vous conseille donc très sérieusement le rire, un régime marrant, dont voici les vertus :

- **le rire combat efficacement le stress, que l'on sait propice aux excès alimentaires ;**
- **le rire régule l'excès de cholestérol à travers l'oxygénation du sang ;**
- **le rire conduit à une meilleure digestion. Il constitue un moyen naturel de combattre la constipation. Quand vous riez, votre estomac et vos intestins se contractent, améliorant votre transit et luttant contre les kilos en trop ;**

7. Selon les recherches du Dr Maciej Buchowski, rire 10 à 15 minutes par jour entraînerait une dépense énergétique allant jusqu'à 40 calories, soit une perte de poids maximale de 2 kilos en un an.

8. Selon le Pr Keiko Hayashi de l'université de Tsukuba, au Japon, assister à un spectacle comique peut abaisser le taux de glycémie sanguin après le repas. Or, plus la glycémie est basse, plus elle freine la sécrétion de l'insuline, une hormone qui favorise la prise de poids et l'assimilation des graisses.

- **le rire vous permet de mieux dormir et de vous endormir sans difficulté, grâce à une suppression des tensions et un état de délassement. Et en dormant mieux, vous bénéficierez d'un meilleur métabolisme, qui brûle ainsi plus de graisses ;**
- **le rire améliore le niveau d'énergie, en modifiant votre humeur, pour le meilleur ! Vous êtes ainsi moins tenté de booster votre état physique et psychique par l'apport de nourriture.**

Moralité : la prochaine fois que vous aurez envie de sécher un cours de sport, direction votre copain le plus drôle, celui qui vous fait hurler de rire. Histoire de brûler un max de calories !

N'est-ce pas la meilleure nouvelle du livre, voire de l'année ?

Quand je suis en train de grignoter, je me dis parfois : « Sérieux Jessica, arrête de manger, tu es déjà grosse », et comme je ne m'appelle pas Jessica, je me détends et je continue…

Cher papa Noël,

Je voudrais un petit cul et un gros compte en banque.

P.-S. : N'inverse pas les deux comme l'an dernier.

Tous les matins, je me pèse avec mon chat.
Je ne sais pas lequel a grossi depuis hier.

Comment avoir un corps de rêve ?

1. Avoir un corps.
2. Faire un rêve.

J'entre dans une boulangerie et je demande à la vendeuse ce qu'elle a sans sucre ni gras. « Des serviettes en papier ! » me répond-elle.

Mais tous ces gens avec le ventre plat, est-ce qu'ils ont tous les organes ?

Mon secret pour un ventre plat : je m'allonge.

Je n'arrivais plus à respirer,
j'ai cru avoir attrapé la COVID.
J'ai ouvert un bouton
de mon pantalon,
ça allait beaucoup mieux.

J'ai mis ma balance au coin.
Elle raconte n'importe quoi.

Je fais deux régimes en même temps.
Avec un seul, j'avais encore faim.

Régime - Jour 1 :
J'ai fait disparaître tout ce qui fait grossir
chez moi. C'était exquis !

Le juste poids, c'est quand les régimes, on s'en balance.

Régime

(*nom masculin*)

Commence toujours demain.

RÉGIME
RÉGIM
RÉGI
RÉ
R
RA
RAC
RACL
RACLE
RACLET
RACLETT
RACLETTE

Je viens de calculer mon IMC et apparemment je suis trop petite.

LE SPORT ? DEMAIN, PROMIS, JE M'Y METS !

Grandir dans les années 1980, sous la haute surveillance de Véronique et Davina, c'est hardcore en termes de culpabilité. J'avais beau me réveiller le dimanche matin en jogging fluo prête à reproduire chaque mouvement de hanche, c'était surtout leur justaucorps que je kiffais.

Quand Jane Fonda (elle est tellement bien foutue cette garce...) a sorti sa cassette vidéo, elle m'a tuée. Je préférais de loin H.I.P.H.O.P. de Sidney... Beaucoup plus marrant et surtout beaucoup moins complexant.

Et puis finalement, avec l'arrivée de mes fils, le yoga (toujours lui), le sport et surtout la joie d'être en vie m'ont aidée à m'écouter et à ne pas écouter QUE mon estomac. J'ai réussi à réguler mes apports caloriques sans souffrance et même à aimer faire du sport.

J'adore cette nouvelle génération de femmes qui s'acceptent rondes et fières, se baladent sans soutif, assument leurs cheveux blancs, comme la belle Fonelle @sophiefontanel, montrant tout son humour, affichant son détachement.

Mon clin d'œil archi perso

Pour prendre le problème de front, n'oubliez jamais que tout est question de terminologie. Lors de mon dernier voyage entre copines à Lisbonne, nous avons décrété que :

- une sangria = les cinq fruits et légumes quotidiens ;
- du jambon porco preto (cochon nourri exclusivement aux glands, donc gras de folie) = un régime protéiné ;
- du fromage et de l'huile = un régime véto ;
- des pastéis de nata = un régime dissocié.

Je crois que je devrais bientôt ouvrir mon cabinet de nutrition !

**J'ai arrêté le sport il y a plus de vingt ans,
sans patch, sans hypnose,
comme ça, juste avec ma volonté.**

En ce qui concerne l'effort physique,
je suis croyante mais pas pratiquante.

Je suis contre le sport. Ça fait grossir
quand on s'arrête.

J'ai souvent constaté que la prise de poids était due à une baisse de régime.

Le chocolat est notre ennemi, mais fuir devant l'ennemi, c'est lâche !

Je mange le Nutella® à la petite cuillère, car le pain fait grossir.

Quel est le sport le plus silencieux ?

Le parachuuuuuuttttttt.

Quel est le sport préféré des chèvres ?

L'agro-bique.

Quel est le sport préféré des nourrissons ?

Le babyfoot.

Quel est le sport préféré des insectes ?

Le criquet.

« Tu vas à la salle de gym ?
– Non, ma licorne est malade.
– Tu plaisantes ?
– C'est toi qui as commencé. »

Ma chambre n'est pas du tout en désordre, c'est juste un parcours d'obstacles étudié pour me maintenir en forme.

Est-ce qu'un jour ils sortiront une intégrale de U2 intitulée « Tout tout U2 »?

Je viens de terminer une série de vingt abdominaux que j'avais commencée en 1997.

Demain, ça fait quatre ans que le mois prochain je m'inscris à la zumba.

LE POINT DE VUE DE
CAROLINE DE MAIGRET

S'il ne devait rester qu'un seul top model français, ce serait elle, avec sa frange, son jean et son immense sourire. À l'âge où les autres mannequins ont pris leur retraite, Karl Lagerfeld faisait monter Caroline sur le podium en robe de mariée, en star du défilé. Depuis, elle est devenue ambassadrice Chanel et a coécrit le best-seller mondial *How to be Parisian* qui, je dois bien l'avouer, était (quasiment) du @mamouz avant l'heure.

@Mamouz : *Je voudrais avant tout te remercier, car tu as été la première à faire partager mon compte à tes 953 000 (je sais, ça donne le vertige) followers. Et je peux révéler en exclusivité que tu es une grosse pourvoyeuse de mèmes pour @mamouz ! Pourquoi l'humour qui touche à notre physique est-il finalement réconfortant ? T'arrive-t-il d'en user ?*

Caroline de Maigret : Tout le temps ! Je crois même que c'est ce qui a fait démarrer ma carrière. Lors de mes premiers castings, je voyais les clients enchaîner leurs rendez-vous avec des mannequins plus belles les unes que les autres. Alors, pour me démarquer, je m'appliquais à leur raconter des anecdotes marrantes pour qu'ils se souviennent de moi à la fin de la journée. Ça a plutôt bien fonctionné ! Quand je réalise des vidéos pour la mode, j'ajoute le plus souvent possible une touche comique. J'adore l'absurde à la Mister Bean et j'aime me moquer de mes névroses. Pour un film de maillots de bain par exemple, j'ai essayé plein de stratagèmes pour ne pas montrer mes fesses à la piscine. Certaines féministes que je soutiens pourraient s'en agacer, mais c'est comme ça, je n'aime pas mes fesses et je préfère en rire, c'est mon choix.
J'ai toujours trouvé réconfortant de voir les gens essayer de faire de leur mieux plutôt que mieux que tout le monde.

M : *Comment faire rimer humour et beauté, toi qui es si parfaite ?*

CDM : Je ne crois pas à cette réflexion sur la perfection, et je m'en sens évidemment très loin. La perfection étant inatteignable, et franchement pas une quête personnelle, il faut s'assumer en essayant éventuellement de progresser. Dans une vidéo pour une marque de cosmétiques, j'ai enfoncé ma tête dans une palette de maquillage et j'en suis ressortie parfaitement maquillée. Petit clin d'œil aux vertus magiques auxquelles on veut nous faire croire dans les pubs.

Si tu veux faire accepter tes défauts, il faut en rire la première. Rire de soi avec les autres rend moins attaquable, car ils passeront toujours derrière toi dans la vanne. Il n'y a rien qui ne me fasse plus marrer que les situations à la Jean-Claude Dusse des *Bronzés*. J'aime tourner en dérision mes aventures malencontreuses.

Dans les mondes de la mode et de la beauté, le second degré permet plus facilement de parler des complexes des femmes et des inquiétudes liées à l'âge. Au premier degré, il est évidemment plus dur de se mettre en image. En outre, cela rassure les gens qui rencontrent les mêmes problèmes. L'humour permet de dire tout haut ce que tout le monde pense tout bas.

Ainsi, je propose une version de moi plutôt indulgente, mais pas une utopie. Cette phrase dans notre livre résume bien la situation : « Profite du visage que tu as maintenant, car c'est celui-là que tu vas regretter dans dix ans. »

M : *Tu es très suivie sur Instagram. Aimes-tu les réseaux sociaux ?*

CDM : Oui, si cela reste dans la bienveillance. J'ai très vite compris leur puissance. Ils m'ont permis d'avoir une voix

alors qu'avant je n'étais qu'une image. J'ai pu raconter l'histoire de cette femme plus désinvolte qui prend de la distance aussi par l'humour.
J'aime ton compte @mamouz parce que tes publications restent sympathiques, j'aime comment les mèmes que tu partages transforment le réel et cherchent le positif. Cela fait du bien de se marrer quand l'info est difficile.
Dans la mode, j'aime le compte de @loicprigent. Il est intelligent et percutant. Je lui envoie souvent des phrases que j'entends, et j'avoue même, parfois, des phrases que j'ai pu dire ! Ses mèmes ont dynamité la mode pour le meilleur avec ces phrases chocs glanées dans les défilés, comme :
« Il confond le champagne et l'amour. Il croit qu'il m'aime beaucoup » ; ou : « La marque réaffirme haut et fort son engagement durable pour la planète en annonçant la création d'un compte Instagram dédié. »

M : *Dans votre livre, vous rappelez que les Françaises sont les championnes toutes catégories des paradoxes. Manger une pizza et mettre du stévia dans le café, ou carburer au thé vert et boire de la vodka toute la nuit. Tu t'y reconnais un peu toi aussi ?*

CDM : Évidemment ! Ce livre n'est que second degré, on se moque des clichés et de nous-mêmes. J'aime le bordel et toutes ses nuances. Ce n'est pas parce que l'on fait quelque chose d'une certaine façon que tout doit suivre derrière à l'identique. On n'a pas à rentrer dans des cases !

M : *Si tu dois choisir entre trois pilules, laquelle choisis-tu : celle qui te permet de manger ce que tu veux sans grossir ; celle qui te permet d'avoir des abdos sans bouger le petit doigt ; celle qui te permet de te réveiller impeccablement brushée ?*

CDM : Je choisis évidemment la première ! Avoir des abdos, je m'en fous et être brushée encore plus. Manger, il n'y a que ça qui m'intéresse, c'est mon obsession première. Avec l'amour, bien sûr…

MON MOT DE LA FIN

« Gamay, c'est mon produit de beauté », disaient Les Nuls dans les années 1990. Pile-poil mon genre d'humour.

mamouz

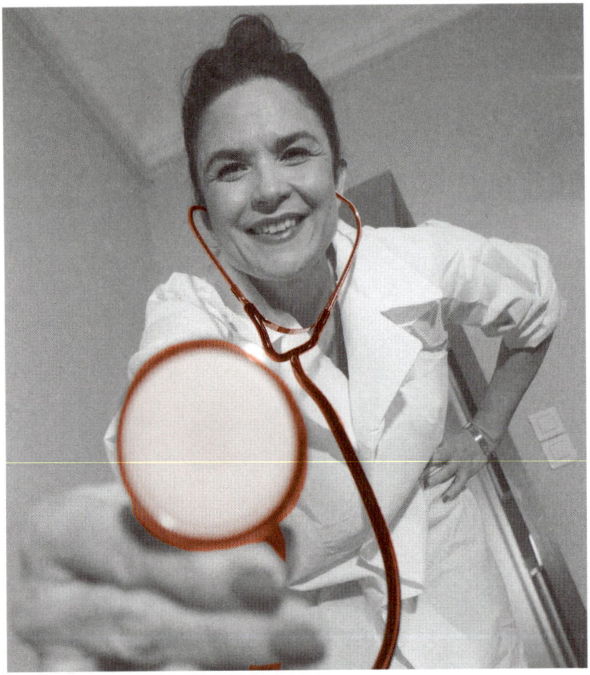

123 456 likes

5. Gai-rire. Tagada soin soin

#PTDR #PourUneTherapieDuRire #SansFiltre

TEAM HYPOCONDRIAQUE

« Gai-rire. Tagada soin-soin » est le titre de chapitre dont je suis la plus fière, même si je le dois à mon frère Mathias. Les jeux de mots sont dans l'ADN de la famille, je vous avais prévenu. Nous adorons brainstormer ensemble. Et nous avons aussi en commun une connaissance aiguë de tous les médicaments du marché. Rhume, migraine, maux de ventre, problèmes dermatologiques, nous connaissons à peu près tous les traitements. Il est même habituel que mon pharmacien (il se reconnaîtra) me consulte pour connaître les effets secondaires de tel ou tel produit.

Compte tenu de notre background religieux, certaines de ces maladies relèvent plus souvent de l'imaginaire que de symptômes réels. Toute ressemblance avec Woody Allen n'est bien sûr pas une coïncidence. Humour et hypocondrie sont les piliers millénaires du judaïsme.

En reprenant régulièrement des publications du compte @mamouz pour ses conférences Tenou'a, la rabbin Delphine Horvilleur m'a fait plaisir au plus haut point. Juste retour des choses alors, que de la retrouver pour évoquer le rapport particulier qu'entretient la religion juive avec l'humour et l'hypocondrie.

LE POINT DE VUE DE
DELPHINE HORVILLEUR

Femme rabbin française de Judaïsme en mouvement, écrivain et philosophe, Delphine Horvilleur a accepté de parler, pour nous, de l'origine de l'humour juif et de ses traits caractéristiques.

@Mamouz : *Est-il vrai que la Bible déborde d'humour ?*

Delphine Horvilleur : L'humour est un support puissant de théologie. Avec des blagues et de l'humour, on peut raconter des choses extrêmement profondes. Dans mes interprétations, l'humour joue beaucoup sur le malentendu, ou sur une autre compréhension du texte. L'humour et l'interprétation se tiennent toujours la main.

Je mets souvent en avant le fait qu'il y a dans la Bible énormément d'humour ce qui n'est pas évident pour un lecteur de bonne foi, sans mauvais jeu de mots. Si on accepte de lire simplement les faits racontés en se dégageant du dogme, il y a des histoires drôles et invraisemblables de nonagénaires qui deviennent parents à un âge avancé, d'un peuple sortant d'Égypte qui va mettre quarante ans (à défaut de GPS) pour traverser quelques kilomètres...

Le plus drôle c'est quand Dieu choisit comme porte-parole Moïse qui... bégaye. Aucun chasseur de têtes n'aurait fait cette erreur !

Et on peut continuer : Abraham, « père d'une multitude » en hébreu... est stérile une bonne partie de sa vie ; Isaac, censé être visionnaire... est aveugle ; Jacob qui incarne la droiture... boite !

On peut interpréter ces héros de la Bible, leurs fragilités et leurs failles qu'ils doivent dominer pour devenir des leaders. En sortant de leurs contradictions, ils puisent leur force dans leurs imperfections.

M : *Quelles sont les particularités de l'humour juif ?*

DH : Souvent les juifs ont un rapport très particulier avec l'humour. Ils ont dû pour plein de raisons recourir à l'humour car l'Histoire ne leur a pas laissé le choix. Quand un drame frappe, il y a deux réactions possibles :

- soit raconter son histoire par le prisme d'une identité de victime : comme la fatalité dans la tragédie grecque ;

- soit raconter l'histoire autrement, en tant qu'acteur, et là l'humour a servi dans l'histoire juive d'outil de résilience.

Nous avons appris à raconter notre histoire en la tournant en dérision, en la mettant à distance. Ainsi cela a rempli une autre fonction théologique, celle de concilier des récits inconciliables. Par exemple, les juifs disent : « Dieu nous a choisis, mais il ne nous arrive que des galères. » « Si on est le peuple élu et qu'il nous arrive cela, il faut procéder à de nouvelles élections », nous dit Woody Allen.
L'humour met à distance le tragique de notre histoire, et nous permet de reprendre le pouvoir sur l'Histoire. L'humour vous rend plus fort devant la réalité.

J'identifie trois ressorts à l'humour juif.

1. « Nous allons raconter mieux que vous et en beaucoup plus drôle ce dont vous nous accusez. » C'est une espèce de vengeance de récupérer le cliché antisémite dans une forme d'autodérision qui tient à distance l'accusation.

2. Les blagues contre Dieu, d'autres religions appelleraient cela du blasphème. Il y a beaucoup d'histoires juives qui mettent en cause Dieu et le divin.

- Deux survivants d'Auschwitz font des blagues sur la Shoah.
  Dieu dit :
  – Mais de quel droit rigolez-vous de cet événement tragique ?
  Et eux de répondre :
  – Ta gueule toi, t'étais pas là !

- La blague de la mère juive sur la plage avec son fils qu'une vague emporte, elle pleure et prie Dieu de le lui renvoyer. Quand, par miracle, lors d'une deuxième vague, son fils réapparaît, heureuse, elle interpelle Dieu : « Il n'avait pas un chapeau ? »
  Cette femme se moque de Dieu et de plus elle est antisémite, car pour les juifs il n'y a pas de petits bénéfices.

3. Les blagues juives jouent souvent sur les doubles sens, chers à l'humour juif, car cela correspond à leur passion de l'interprétation. Pour eux, les mots ont plusieurs sens. Quand vous lisez un mot, rien ne vous empêche de le comprendre autrement et ce décalage entre ce que le texte semble vouloir dire et ce que le texte pense dire est la force de l'exégèse. La clef de l'humour dans cet esprit, c'est le malentendu.

- Un juif russe est chez lui quand deux types du KGB frappent à sa porte.
  Le juif :
  – Qu'est-ce que vous voulez ?

– On veut parler !
Le juif :
– Vous êtes combien ?
– Nous sommes deux.
Le juif :
– Eh bien vous n'avez qu'à parler ensemble !

Rire de soi, du sacré, déconstruire l'idolâtrie et reconstruire les mots sont les supports principaux de l'univers des histoires juives.

En parlant d'humour, impossible de ne pas consacrer un chapitre copieux à la santé, vaste sujet qui nous concerne tous de près. En la matière, les Français détiennent d'ailleurs certains records, comme celui de la plus grosse consommation d'anxiolytiques… Mon pharmacien est mon meilleur ami (pour de vrai !). C'est en tout cas celui que je vois le plus, quasiment tous les jours, puisque nous sommes même voisins.

Avez-vous remarqué que le mot *humour* est assez proche d'*humeur* ? Tous deux partagent la même étymologie : ils viennent du latin *umor*, terme qui provient lui-même du grec et qui désigne une substance liquide élaborée par un corps La forme anglo-saxonne *humour* date du XVIIe siècle. *Être de bonne humeur* revêt donc une signification bien précise. Et rire nous met de bonne humeur.

Et puisque nous en sommes arrivés là, avant d'ouvrir une parenthèse des plus sérieuses, offrons-nous une pause…

Vous êtes prêt(e) ? Tournez la page.

Le rire et ses bienfaits

Le rire offre d'innombrables bienfaits, tant physiologiques que mentaux. Il permet de vider l'air de nos poumons et de reconstituer une nouvelle réserve. Il active la circulation sanguine, oxygène notre corps et réduit les douleurs, décontracte les muscles, réduit les hormones de stress, améliore le système immunitaire, et j'en passe.

L'humour est également un outil à part entière de l'hypnose ericksonienne. Grâce à lui, le thérapeute accède à une communication à plusieurs niveaux. En effet, au-delà du sens premier perçu consciemment, une deuxième possibilité, voire un champ entier de possibilités, peut être perçue inconsciemment, et donc envisagée. Mettant sur la voie du changement, l'humour génère ainsi du recadrage. Il peut même se révéler être un outil intéressant pour l'enseignement. Des études montrent que l'utilisation de l'humour, accompagnée d'analogies et de métaphores, aide à mieux mémoriser l'information.

Et vous,

êtes-vous hypocondriaque ?

Cochez et comptez rigoureusement vos points.

- ☐ Avez-vous des boutons qui poussent et des sueurs froides dès qu'on parle d'une quelconque maladie ? (+ 15 points)
- ☐ Vos cheveux vous grattent-ils dès qu'on aborde le sujet *poux* ? (+ 25 points)
- ☐ Connaissez-vous la signification du mot *hypocondriaque* ? (+ 50 points)
- ☐ Avez-vous acheté des actions de l'empire de gel hydroalcoolique en février 2020 ? (+ 200 points)
- ☐ Êtes-vous un homme ? (+ 1 000 points)

Au-delà de 25 points, je vous offre un abonnement au journal Santé Magazine *(ou pas...)* !

N'oubliez pas de télécharger STOPVOMI pour savoir qui éviter...

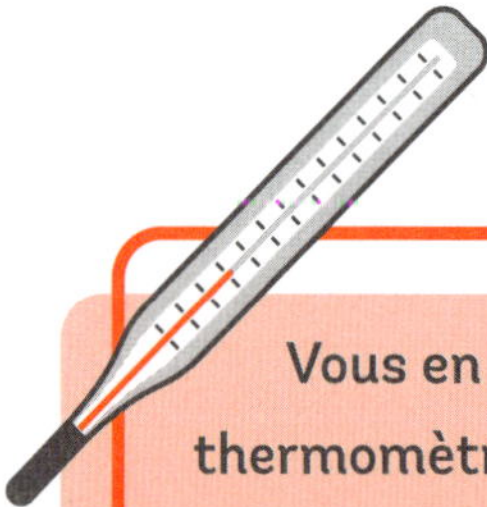

Vous en rêviez, ils l'ont fait ! Un nouveau thermomètre pour homme appelant les secours de façon automatique dès une température de 37,2 °C sera commercialisé dès le mois prochain.

Je me demande pourquoi on prend la température d'un homme à l'entrée d'un magasin. Vous avez déjà vu un homme marcher avec de la fièvre ?

Pour se sentir mieux :
Cheesecake, moelleux au chocolat ou banana split ?

Pensée du mois :

Un verre de vin c'est bon pour la santé.
Le pichet, c'est bon pour le moral !

LES POUDRES DE PERLIMPINPIN

Comme Emmanuel Macron, nous avons tous nos poudres de perlimpinpin pour nous soigner. Chez moi, c'est la fleur d'oranger de ma grand-mère qui a la particularité de tout arranger. Elle est efficace pour venir à bout de tous les maux répertoriés dans un dictionnaire médical. Dès l'âge de cinq ans, je trouvais fabuleux que ce liquide terrasse les insomnies, les douleurs au ventre et les rhumes... Une cuillère de Mazhar (nom arabe) et le mal était envolé.

En même temps (si je commence à employer les expressions présidentielles...), qui ne retrouve pas le moral aux côtés de ses mamies ?! Les miennes étaient formidables. Chacune avait son tour de magie. L'une me soignait à coups de gâteaux, l'autre d'histoires. J'avais le droit à la Bible version pas très catholique, enfin à un récit très inventif. Je m'endormais paisiblement en écoutant l'histoire de Moïse qui traversait les eaux, de Jonas qui se baladait dans le ventre d'une baleine ou de Noé qui récupérait tous les animaux y compris les licornes pour échapper au déluge. Je rêvais en Technicolor.

Les histoires m'ont toujours plu. Et m'ont toujours soignée. Il est d'ailleurs aujourd'hui prouvé que la lecture est une source abondante de bienfaits insoupçonnés : elle réduit les risques d'Alzheimer, chasse le stress, rend empathique et aide à trouver le sommeil... Avant que je ne découvre la lecture, quand je n'étais pas bien, je me réfugiais dans le lit de mon frère qui était toujours d'accord pour m'accueillir, lui qui aimait tant dormir.

Je ne fais pas partie de la team hypocondriaque, je suis plutôt #teamduraumal. Un seul bobo reste malgré tout plus difficile à soigner que les autres : ce sont mes angoisses. C'est pourquoi, en bonne Française, j'ai opté pour le soin par l'alcool et le fromage. Rien de plus efficace que ce combo. À consommer, toujours avec modération, entre deux cures de healthy smoothies, bien sûr ! Et vous ?

[9]

9. Angoisse (45° 25' 41'' nord, 1° 08' 17'' est) est une commune française située dans le département de la Dordogne, en région Nouvelle-Aquitaine.

Les Alcooliques unanimes, c'est comme les Alcooliques anonymes, mais tout le monde est OK pour picoler.

Au lieu de me donner des antidépresseurs, ma pharmacienne m'a chanté « Dallaaaaas » et j'ai rigolé.
Comme quoi les génériques, ça marche !

Pompez le Valium !

Être médecin de campagne et décider de partir un jour, sans retour, sans se retourner, ne pas regretter, bref, être un toubib free.

Par les temps qui courent, je vous dirais bien d'être positif, mais apparemment ça fout le bordel.

Depuis la COVID, j'ai les mains tellement propres que si je donne une baffe à quelqu'un, je le stérilise.

En raison d'une rupture de stock de thermomètres dans les pharmacies, le ministre de la Santé vous conseille, si vous avez de la fièvre, de placer trois grains de maïs sec dans votre anus. S'il en sort du pop-corn, appelez les urgences.

Je suis sur la route du bonheur. Là, j'attends la dépanneuse.

Docteur House résoudrait cette merde
en un épisode.

Quand on est trop gentil, on finit toujours
par se faire bouffer.
C'est le syndrome du sandwich aux gens bons.

Déversement accidentel de Viagra®
dans l'eau potable. On craint une bandémie.

J'ai vu dans une pub que Pampers
garantit douze heures
de sommeil. Je vais laisser tomber
les somnifères et je vais dormir
avec une couche.

J'ARRÊTE DE FUMER ENTRE DEUX CLOPES

Difficile de se défaire de ses mauvaises habitudes. Nous nous accrochons tous à nos clopes, à nos tétines, à nos manies… Elles nous réconfortent et au moins, elles, nous les connaissons par cœur.

Oscar Wilde a tout résumé dans cette phrase lumineuse :

« Arrêter de fumer ? Trop facile !
Moi, j'arrête vingt fois par jour. »

Je ne vous ai pas encore parlé de ma meilleure amie, Marie-Ève. Marie Rêve pour les intimes : meilleure rêveuse au monde, des rêves d'une très grande qualité dont j'étais dépositaire chaque matin, le temps du trajet pour l'école. Elle est bien plus drôle que moi. Nous avons vécu ensemble de nos quatre à nos vingt-quatre ans, enfin pas tout à fait ensemble mais dans le même immeuble. Durant ces années, nous avons fait croire tout et n'importe quoi à nos copains de classe : par exemple que nous vivions en communauté, les enfants à un étage, les parents à l'autre. Nous avons mis en œuvre les pires blagues possibles dans le bus : nous passions par exemple de longs moments à nous demander l'une à l'autre où en étaient nos mycoses respectives et autres dégueulasseries qui nous faisaient et nous font encore pleurer de rire en pensant aux têtes outrées de nos compagnons de voyage.

C'est lors d'un grave accident de genoux que Marie-Ève a donné la pleine mesure de son talent. Je passe rapidement sur le fait qu'elle a transformé sa petite culotte en sac à main (effectivement très pratique quand on doit se déplacer avec des béquilles, essayez et vous verrez), pour en arriver au traitement prescrit par son médecin. Il se résumait en un seul mot : de la morphine, seule substance capable de faire oublier une douleur permanente très difficilement supportable. Marie-Ève a pris le traitement à la lettre. La douleur s'est évanouie, mais au prix d'effets secondaires inattendus. La drogue a généré chez elle une peur panique de l'ennui. La perspective de longues journées assise dans sa chambre terrifiait Marie-Ève. Résultat, elle enchaînait frénétiquement des cours de ukulélé, d'espagnol et de grec. Le cerveau embrouillé, elle contactait plusieurs profs d'espagnol et, incapable de dire non à l'un ou à l'autre, elle s'est retrouvée avec un Chilien et avec un Péruvien, chacun parlant la langue de Cervantes avec un accent très différent. Rebelote avec un trio de ukulélé men, sans oublier les visites dans la même journée de plusieurs kinés : l'un arrivant de l'hôpital, l'autre d'une clinique privée… La vie de Marie-Ève est devenue un hilarant et épuisant vaudeville. C'est proprement épuisée qu'elle a décidé d'arrêter la morphine et les cours de tout et n'importe quoi… Cette fantaisie me transporte de bonheur. Merci, Marie-Ève, je t'aime.

Et vous,

quelle est l'amitié lumineuse qui vous tire du brouillard ?

Les Bronzés en intraveineuse

J'adore l'histoire (vraie) de Norman Cousins qui s'est soigné en regardant des films comiques. Il a été le premier, en 1964, à expérimenter « scientifiquement » une thérapie par le rire. En utilisant la pensée positive et le rire, il s'est guéri d'une maladie arthritique très douloureuse, considérée comme irréversible. Il a communiqué à la communauté médicale et au grand public les résultats de son expérience dans un article publié dans le *New England Journal of Medicine* en 1976. Trois ans plus tard, il a publié son succès de librairie *Anatomy of an Illness*. Sa méthode consistait à visionner des films comiques aussi souvent qu'il le pouvait et à consommer de la vitamine C en très grande quantité. Il a constaté que chaque visionnage de trente minutes lui procurait deux heures de repos sans douleur. Après six mois de ce traitement, il était complètement rétabli. N'est-ce pas la meilleure nouvelle de l'année ? À vous *Les Bronzés*, *Didier* et *OSS 117* que vous pourrez consommer à volonté !

Fuis les personnes négatives, elles ne savent qu'apporter un problème à chaque solution.

À la bibliothèque, j'ai trouvé deux exemplaires du livre *Comment résoudre 50 % de ses problèmes*. Du coup, j'ai pas hésité, j'ai embarqué les deux.

Je me trouvais nulle en cuisine
à cause d'Instagram.
Maintenant, je trouve ma déco
complètement naze à cause
de Pinterest.
J'ose pas aller sur YouPorn.

Ce matin, j'ai pété dans le bus
et quatre personnes se sont retournées.
J'ai eu l'impression d'être dans *The Voice*.

L'association des hydroalcooliques anonymes :

« Bonsoir, je m'appelle Raoul et j'en suis à cinq flacons.

– Bonjour Raoul !!!!! »

Sur l'échelle de la bonne humeur, je suis entre Depardieu devant un Perrier et Poutine sur un char de la Gay Pride.

Le vin d'ici vaut mieux que de l'eau de là.

Si aujourd'hui tu n'achètes pas de Durex, demain tu achèteras des Pampers.

Maman ne ronfle pas, elle assure la sécurité de la maison en simulant une présence permanente dans les lieux la nuit.

Je suis tellement fatiguée que sur une échelle de un à dix je ne monte même pas sur l'échelle.

Les pommes sont excellentes
pour la santé :
Blanche-Neige s'est empoisonnée ;
Guillaume Tell
a presque tué son fils ;
Ève a pourri l'humanité ;
Steve Jobs a créé une génération
d'addicts.

Manger cinq fruits et légumes,
qu'ils disaient…

LE POINT DE VUE DU Dr BRIGITTE MILHAU

Pour des millions de foyers français, Brigitte Milhau est une voix et un visage qui rassurent et prodiguent de bons conseils, *via* sa propre émission *Bonjour Docteur Milhau* sur CNews. C'est à ses côtés que j'ai démarré ma vie professionnelle et à cette époque (aujourd'hui fort reculée) nos journées étaient synonymes de fous rires quasi ininterrompus.

@Mamouz : *Est-ce que tu crois que l'humour peut aider à guérir ? T'en sers-tu en tant que médecin ?*

Brigitte Milhau : J'ai de la chance, car, depuis quelques années, je ne traite que des gens qui veulent arrêter de fumer, donc des cas pas trop graves. De manière générale, j'essaie toujours de glisser de l'humour ou du sourire dans mes consultations. L'humour, c'est du sérieux ! On a démontré qu'il aide à prendre moins d'antidépresseurs, moins d'anti-inflammatoires, qu'il libère les peines et les endorphines. Rire, c'est un peu comme faire un jogging stationnaire. Cette discipline porte même un nom : la « gélotherapie », du grec *gelos* qui veut dire « rire ». Si le rire seul ne permet évidemment pas de traiter des maladies, il peut en revanche améliorer nettement le processus de guérison.

Dans cette veine, je soutiens à 1 000 % Le Rire médecin, cette association de clowns qui se rend dans les hôpitaux pour enfants et apporte un peu de bonne humeur dans le quotidien de l'hôpital et de la maladie. Grâce aux clowns, les situations se débloquent, les enfants peuvent s'exprimer. Ils ont moins mal quand on leur enlève un pansement, ils supportent mieux la chimio. Une association merveilleuse.

M : *Tu crois à cette histoire de Norman Cousins ? Et, dans la même veine, à l'idée selon laquelle une femme qui a sept amies s'en sort mieux du cancer ?*

BM : Bien sûr que je crois à ces histoires, c'est prouvé. Mesurable et mesuré. Et en effet une femme entourée de bienveillance, du soutien de ses amies, c'est normal qu'elle aille mieux, non ? Basique mais logique.

M : *Qu'est-ce que tu aimes dans mon compte Instagram ? Quelles blagues préfères-tu ?*

BM : Toutes. Impossible de choisir une publication que je préfère. Je me réveille avec. C'est ma petite récré. Et je considère qu'une journée sans rire est une journée perdue. Plus c'est absurde, plus cela me plaît. J'ai élevé mes filles ainsi. Ce que je voulais leur transmettre par-dessus tout, c'est la mémoire du bonheur. Je me suis posé mille questions d'éducation et je n'ai retenu qu'une seule leçon : les faire grandir dans le rire. J'ai même réveillé leur père un jour à 5 heures du matin pour lui dire cela. Il était ravi.

M : *L'adage « Rire, c'est bon pour le moral » est-il vrai, selon toi ?*

BM : C'est bon pour le moral, et même bon pour tout d'ailleurs ! Je peux te dévoiler un secret : aujourd'hui, je ne côtoie plus que des personnes qui me font rire ou qui aiment l'autodérision, sinon ça me plombe. J'ai deux maîtres mots au quotidien dans mon travail de médecin : humour et espoir.

Placez la barre tout en haut, comme ça, vous ne risquez pas de vous la prendre en pleine face.

Vous êtes dans quel camp ?

- ☐ Je bois du rouge.
- ☐ Je broie du noir.

Arrête de vouloir rendre tout le monde heureux.
Tu n'es pas de la tequila.

MON MOT DE LA FIN

Là, je m'adresse aux gens qui se positionnent sur ce fameux verre à moitié vide #teampessimiste ou bien sur ce verre à moitié plein #teampositif. Ne pensez-vous pas que vous pourriez tout simplement le remplir à nouveau ? Un peu de bon sens, bon sang !

mamouz

123 456 likes

6. Rire et sentiments

#PTDR #PourUneTherapieDuRire #SansFiltre

L'AMOUR AU PREMIER LIKE

Même si nous n'avons pas toujours le mode d'emploi, que nous soyons célib', en couple, polyamoureux, en galère, en isolationship, que ce soit compliqué, ou que nous soyons casés en mode pacsés ou mariés, l'amour est l'inusable sujet de préoccupation premium. Sans même avoir recours à des statistiques pour le démontrer, nul ne contestera que c'est bien le topique numéro 1 de nos apéros Zoom, de nos rendez-vous Houseparty ou en présentiel (Dieu que je déteste ce mot).

Nous aimons non seulement en blablater mais aussi le vivre, même à travers ses aspects les moins agréables, comme le très contemporain largage par texto (il faut savoir vivre avec son époque).

Car, s'il est le sujet le plus abordé, il est aussi le plus douloureux à vivre. On marche sur des œufs quand on est amoureux et, quand on ne l'est pas, on flippe de rester vieux garçon ou vieille fille jusqu'à 1 343 ans. Pour faire court, difficile d'être apaisé et aimé, difficile aussi d'être seul et heureux. Nous sautons là à pieds joints dans une problématique d'une extrême complexité. Il est donc opportun de poser la question qui tue, la seule qui vaille :

humour + amour = compatibles ?

Le manque de rapports sexuels peut causer des troubles de la vue.

Si l'on en croit l'inoxydable succès des « rom coms » (comédies romantiques) qui illuminent nos mornes dimanches soir, aucun doute. Ne dit-on pas « homme (ou femme) qui rit à moitié dans ton lit » ? Ça va faire beaucoup de monde dans mon lit, si vous en venez à 70 000 !

Ma comédie romantique préférée

Pour n'importe quel esprit féminin normalement structuré, une « rom com » digne de ce nom (c'est-à-dire chic, charmante, loufoque ET émouvante) ne se conçoit que si elle est certifiée 100 % british et, de fait, si Hugh Grant en est l'acteur principal.

Partant de ce constat implacable, j'aurais pu fixer mon choix sur l'indépassable triptyque *Quatre mariages et un enterrement/Notting Hill/Love Actually*, voire sur le premier volet de la série Bridget Jones (un combo Hugh Grant/Colin Firth, c'est presque déloyal, nous sommes bien d'accord), tant ces inusables trustent les places de choix dans mon panthéon personnel.

Sauf qu'en la matière, il existe une œuvre qui remplit cet exigeant cahier des charges en plaçant systématiquement le curseur plus loin que les autres. Pour le chic et le charme, je vous propose ce que l'Angleterre a fait de mieux (sorry Hugh) : Cary Grant au sommet de son art. Pour la loufoquerie, je dirais tout simplement que ce film est purement et simplement irracontable, parce que totalement dingo (et donc so @mamouz), de la première à la dernière seconde. Quant à l'émotion, croyez-moi, l'étreinte qui unit Cary Grant et Katharine Hepburn, au pied d'un squelette de brontosaure, restera pour l'éternité la plus réjouissante de l'histoire du septième art.

Ceux qui connaissent *L'Impossible Monsieur Bébé* pensent comme moi : le film équivaut à un énorme shoot de bonheur. J'envie tellement ceux qui vont le découvrir après avoir lu ces lignes... Je leur adresse un conseil : rameutez vos parents, vos amis, vos enfants, les amis de vos enfants, pour une grande séance collective. Demandez ensuite à chacun de raconter le film. Depuis sa sortie en 1938, personne n'a réussi.

Et puis, à l'ère des textos et des réseaux sociaux, il faut, face à l'autre, être capable de pratiquer une gymnastique intellectuelle et une lutte émotionnelle de niveau olympique, tout cela demandant des stratégies dignes de Sun Tzu. Là, vous pensez que je vais trop loin.

Je m'explique avec des questions pratiques…

- **Au bout de combien de temps peut-on décemment répondre à un texto ?**
- **À quel moment demande-t-on sa target en amitié sur Instagram, Facebook, Twitter et LinkedIn ? Est-ce qu'on lance l'invit' sur tous les réseaux sociaux en même temps ?**
- **On like les photos ou pas ? Une, deux ?? SOS !**
- **À quel moment peut-on appeler ? Avant ou après la première nuit ?**
- **On dort sur place ? On attend de pied ferme la chocolatine ?**

Ça y est, j'ai un mal de crâne géant.

Problème mathématique :

Sachant que vous avez envoyé votre texto à 10 h 23, qu'il est 16 h 14 et qu'il n'a pas encore été lu, calculez le degré de « J'en ai vraiment rien à foutre » de votre destinataire.

Je vous ai prévenu, les pyramides d'Égypte et les statues de l'île de Pâques ne sont rien à côté du problème qui nous occupe. Pour y voir plus clair, je pourrais lancer un test pour voir si des personnes se sont draguées par Instagram, par mon compte ce serait encore mieux. Tiens, je pourrais lancer un @mamouz Tinder.

@amours_solitaires et autres Insta love

Il existe bien sûr autour de l'amour plusieurs comptes Instagram qui cartonnent. Le plus remarquable d'entre eux, qui fait écho à d'innombrables messages d'amoureux, est selon moi @amours_solitaires. Près de 912 000 personnes fondent devant ses publications. Les textos deviennent un dialogue poétique, les conversations une histoire d'amour. C'est tellement renversant que l'on souhaiterait en avoir écrit certains et en avoir reçu d'autres.

amours_solitaires
Comment tu te sens ?
Amoureux
Aa

amours_solitaires
Il a suffit de ton rire pour fracasser ce si long silence qu'était devenue ma vie.
Aa

amours_solitaires

Vous me manquez

Vous ?

Toi et ton cœur, ton âme,
ton sexe. Dans le désordre.

Distribué

On rangera ensemble.
Tu nous manques aussi.

Aa

amours_solitaires

J'ai pas envie d'aller
à la facilité.

Allons à la complexité
alors. 😉

Distribué

Aa

amours_solitaires

Bon et sinon, quand est-ce que tu reviens froisser mes draps ?

J'ai envie de tricoter de l'amour avec toi.

Si l'idée t'enchante, moi ça m'enchante.

Enchantée alors.

Distribué

Aa

amours_solitaires

Le 16/09/2020 à 18:18, ce correspondant a cherché à vous joindre 1 fois sans laisser de message.

Laisse-moi un message.

Je t'aime.

Aa

amours_solitaires

Je pense à la douceur
de tes hanches.

J'ai envie de tes bras.

C'est relou hein ?

De s'endormir en se regardant
à travers des mots
sur un téléphone ?

Distribué

Aa

LE POINT DE VUE DE **MORGANE ORTIN**

La créatrice des archives nationales de l'amour avec son compte @amours_solitaires, la célèbre Morgane Ortin, deux livres à son actif écrits en textos parus chez Albin Michel, donne chaque jour envie d'être amoureux et d'envoyer des messages enflammés…

@Mamouz : *Comment avez-vous eu l'idée d'ouvrir cette page Instagram @amours_solitaires ?*

Morgane Ortin : C'est une époque où je venais de tomber très amoureuse, nous nous envoyions de très beaux messages, et j'avais peur de les oublier. Ce n'était pas comme à l'époque du papier où je pouvais ranger les lettres qui avaient compté pour moi dans une boîte. Alors je faisais plein de captures d'écran, mais elles finissaient, elles aussi, noyées dans le flot de ma pellicule photo. Je me suis alors dit qu'il faudrait que j'ouvre un lieu dans lequel je pourrais stocker ma mémoire amoureuse. J'ai immédiatement pensé à Instagram, car c'est le royaume de l'image et que ça m'intéressait de travestir la plateforme en n'y publiant que des mots.

M : *Expliquez-vous ce succès par l'universalisme des messages ?*

MO : Je pense que le succès d'@amours_solitaires tient au fait, d'abord, que le projet montre que n'importe qui peut devenir poète dans l'intimité. Il ne faut jamais sous-estimer le pouvoir des écrivains en herbe ! Mais la réussite du compte est plus encore liée au fait que le projet montre la puissance des écrits intimes : même si nous ne vivons pas les mêmes choses, nous pouvons être des centaines de milliers à être touchés par les mêmes mots.

M : *Vous êtes une « professionnelle » des textos ?! Ou peut-être avez-vous fait des études de lettres d'amour ?*

MO : J'ai fait des études en lettres modernes, puis j'ai travaillé durant cinq ans dans une maison d'édition spécialisée dans le genre épistolaire, avec une spécialisation, pour ma part, en lettres d'amour et lettres érotiques.

M : *Combien de textos recevez-vous par jour ? Et lequel est votre préféré ?*

MO : J'en reçois en moyenne sept cents par jour, je dirais. C'est difficile de choisir mon préféré, mais le message suivant m'a beaucoup marquée : « La beauté, c'est le bruit de la lumière sur ton visage. » C'est magnifique, on dirait du René Char.

M : *Et celui qui vous a fait le plus rire, ou sourire ?*

MO : « T'es irrécupérable, mais j'ai très envie de te récupérer. »

M : *Y mettez-vous les vôtres ? C'est tellement poétique !*

MO : Je les mettais au début, c'est ainsi qu'est né le compte, mais depuis je ne le fais plus, je préserve mon intimité.

M : *Votre compte a-t-il permis des rencontres ?*

MO : J'ai eu plusieurs retours de couples qui se sont formés en commentaires sous les posts @amours_solitaires. C'est incroyable !

Insta love

Je citerai quelques autres comptes Instagram qui mettent l'amour à l'honneur. Je vous invite à les découvrir, c'est que du bonheur !

@bamlarencontre, qui narre les débuts d'histoire.

@tendreromeo, de la poésie et du trait d'esprit autour de l'amour dans des bulles.

@petitesluxures, qui réunit des dessins sexy en diable et des jeux de mots merveilleux.

Et aussi certains comptes très drôles sur la chute :

@exrelou, qui répertorie les plus ridicules textos de vieux amants dépités, à hurler de rire.

@tejpartexto, le SAV des cœurs cabossés, mais version funky, par Audrey Gagnaire.

« TU AS SU METTRE DES MAJUSCULES là où je me sentais minuscule. »
(@tendreromeo)

LOVE ME TINDER...

Pour mettre toutes les chances de votre côté rayon drague, vous pouvez faire appel à un coach spécialisé qui vous apprendra à séduire. Pensez au film *Hitch, expert en séduction*, dans lequel Will Smith incarne un Docteur Love qui aide les malchanceux et les maladroits à pécho. Ces coachs enseignent le b.a.-ba pour harponner une fille avec humour sur les sites de rencontres et introduisent de nouveaux mots dans notre champ lexical.

Tout commence par l'organisation du *gameplan*, c'est-à-dire avec le planning et la définition des différentes étapes de la drague pour arriver à ses fins.

La première phase, le *fishing*, consiste à envoyer le même message à plusieurs personnes, pour ne pas dire à plusieurs appâts, afin de multiplier ses chances d'avoir un *date*. L'idée est textuellement de savoir qui va mordre à l'hameçon (very sympa). C'est une nouvelle tendance amoureuse qui, comme son nom l'indique, fait référence à la pêche, et ce n'est pas pour rien ! Le pêcheur continue à parler à la proie qui lui répond en premier ou qui l'intéresse le plus. Quitte à laisser les autres de côté sans la moindre explication.

Certains comptes d'experts proposent même un kit de reparties, qui offre un large choix de textos pour s'adresser à son contact. C'est une sorte de hotte remplie de textos « ravageurs mais pas trop ». Les experts en question partagent en supplément des conseils, comme « écrire de préférence des mots légers et drôles ». Ou bien ils livrent leurs idées avec le mode d'emploi, incitant par exemple au *cricketing*, une technique de filou qui a pour but d'ouvrir un message, de sorte que l'émetteur voit qu'il a été lu, puis d'attendre un peu, beaucoup, longtemps avant d'y répondre… Oh l'affreux Jojo. Si jamais la proie putative ne répond pas du tout, c'est qu'elle est adepte du *ghosting* (je vous jure que tous ces mots existent). Le *ghosting*, inspiré du mot anglais « fantôme », consiste à couper court à une relation sans explication. La classe…

En matière de séduction, les tendances sur Internet se suivent et ne se ressemblent pas. Elles sont toutes plus étranges les unes que les autres, tout comme les termes qui les désignent : *zombieing*, ou encore *rossing*, *glimpsing*, *climate dating*, *fire dooring*, *breadcrumbing*, *fauxbae'ing*, *mosting*. Je vous fais une interro à la fin, restez concentré SVP.

Sous ces mots se cachent en réalité de nouveaux comportements, qui sont de plus en plus fréquents. À l'heure de Tinder et des sites de rencontres en tout genre, rien de plus facile que d'adopter ces façons de faire, souvent critiquables. Mais j'avoue que, en écrivant ce chapitre, je ne peux m'empêcher de rigoler. C'est sans doute de désespoir…

Le lézard, à la différence de l'homme,

est prêt à sacrifier sa queue pour survivre.

Une femme demande à une amie :
C'est à partir de combien de tocards
que l'on rencontre son âme sœur ?

« L'amour, il faut pas le chercher, il vient tout seul ! » -
Paule, 65 ans, célibataire, 7 chats.

Tu veux des papillons
dans le ventre ?
Mange des farfalles !

Tu fais quoi pour la Saint Valentin ?
– Ça tombe quel jour ?
– Un dimanche ? Des pâtes !

À saisir :
Joli petit cœur. Unique. Au calme. À rénover.
Beaucoup de potentiel.

Petit cœur brisé cherche grand tube de colle.

Règle numéro 1 :

Séduire mon estomac.

Plan A. B. C. D. :

Adieu, ***Bye***, ***Ciao***,

Dégage.

Mon endroit favori ? Dans ses bras.

Tu peux rester ce soir,
mais pas tes vêtements.

Oui, on s'a(b)imait.

Pas de risque, pas de plaisir.

Emmerdeuse cherche emmerdeur
pour emmerder le monde à deux.

Dans un couple, il est important de garder
un certain équilibre. Un jour, c'est elle qui a raison,
un autre c'est lui qui a tort.

Je n'ai pas de chat, alors je caresse
mes jambes poilues et ça m'apaise.

Je suis fière de mon cœur.
Il a été détruit, brûlé, brisé,
écrasé et il marche encore.

D'où viennent tous ces mots et ces pratiques ?

Le *rossing* est inspiré du personnage de Ross dans la série *Friends* et renvoie au fait d'avoir des *dates* avec plusieurs partenaires, sous prétexte qu'aucune relation n'a été officialisée. Aux États-Unis, c'est classique : le moment où chaque personne impliquée dans le couple en devenir se demande si elle est prête à passer au couple monogame est une grande étape à franchir.

Le verbe *glimpse* signifie « apercevoir quelque chose ». Le *glimpsing* renvoie au fait de ne pas tout dévoiler concernant ses *dates*. Cette tendance peut se manifester par le fait de poster une photo de ses rendez-vous amoureux sur les réseaux sociaux sans dévoiler la personne qui nous accompagne.

Le terme *climate dating* montre à quel point l'écologie est tendance. Il se réfère à celles et ceux qui cherchent un partenaire sensible aux causes liées au climat et à l'environnement.

Le mot *fire dooring* vient de la porte coupe-feu, qui est totalement hermétique à la fumée et qui ne s'ouvre que d'un côté... Bref, c'est la métaphore d'une relation à sens unique, mais vous l'aviez deviné, non ?

...

L'appellation *breadcrumber* évoque les miettes de pain : l'un des deux partenaires garde l'autre sous le coude et le prend pour un pigeon.

L'un des plus pathétiques est encore le *fauxbae'ing* : il s'agit de s'inventer une relation sur les réseaux sociaux.

Last but not least, j'ai découvert le *mosting*. Et c'est carrément immonde. L'idée est de faire croire que l'autre est *the most unique person in the universe*, qu'il est LA bonne personne, qu'il est l'élu, pour finalement le planter et disparaître. Une histoire de gros pervers narcissique.

Comme le *dating* est cruel ! Un peu comme les enragés de Twitter qui pensent qu'ils sont protégés par leur écran et qu'ils peuvent se permettre tous les débordements… Le smartphone sert de paravent, de paratonnerre, de moucharabieh. Tu regardes en coin, tu joues *a minima* pour ne pas perdre trop de plumes… On est loin de Cyrano, de Ronsard, ou de George Sand.

Mon clin d'œil archi perso

Je préfère encore être traitée de vieille à chat, ou draguer dans un bar à l'ancienne, ou devant une machine à café du boulot, plutôt que m'infliger cette cascade de *-ing*... Ceci dit, pour avoir un bon fou rire, je vous conseille les sites et vidéos de ces coachs, avec leurs statistiques de réussite et les tutos-textos en vidéos... Ça vaut son pesant de cacahuètes.

MON MOT DE LA FIN

Après toutes ces recommandations : *out* Bridget Jones, *welcome* Victoria et sa Beckham family.

ÉMOTICÔNE OU ÉROTICÔNE

Et voici notre autre sujet favori ! À condition qu'il ne soit pas virtuel...

Mes voisins m'ont toujours dit que pour faire durer un couple il faut rire, jouer, s'amuser pendant l'acte sexuel. Ce qui me renvoie à ce savoureux extrait d'*Un poisson nommé Wanda* : la scène où le moustachu (Kevin Kline) utilise les seuls mots d'italien qu'il connaît pour exciter la sublime Jamie Lee Curtis.

De nombreuses études des plus sérieuses l'affirment : le rire libère notre énergie sexuelle. Un simple éclat de rire et la peau devient rose, le corps est saisi de soubresauts, les yeux s'illuminent... Autant de signes témoignant que la libido circule librement. « Dans le moment où il éclate, le rire vient à bout de nos cuirasses musculaires, qui sont autant d'obstacles à la jouissance », explique Marisa Ortolan.

Bien protégés sous nos cuirasses, constituées principalement de nos névroses, nos peurs et de toutes nos tensions, nous sommes verrouillés, coupés de notre énergie sexuelle. Mais au moment où nous rions, une fenêtre s'ouvre, un moment de libération intense. Le rire assouplit, voire fait fondre notre carapace, permettant à la libido de circuler spontanément. Bien malgré nous, cette fois ! Pour Marisa Ortolan toujours, « le rire va provoquer une détente orgastique, et faciliter notre faculté à prendre du plaisir ».

Le rire est-il un orgasme ?

D'après Henri Rubinstein, médecin spécialiste de l'exploration du système nerveux, le rire joue un rôle fondamental, au carrefour des manifestations musculaires, respiratoires, nerveuses et psychiques de l'individu. Quand nous éclatons de rire, notre cœur se met à battre aussi vite que lors d'un cent mètres et nos poumons rejettent d'énormes quantités d'air. Et après l'effort, le réconfort. Le corps cède ensuite irrésistiblement à une détente bienfaisante et régénératrice, proche de l'état post-coïtal. D'un point de vue physiologique, ce sont les endorphines, ou opiacés naturels du corps, qui se répandent en abondance dans le cerveau. Avec, à la clé, une forme de béatitude sereine.

Vous savez maintenant ce qu'il vous reste à faire…

Une pandémie n'est pas une excuse suffisante pour envoyer un SMS à votre ex.

Dire qu'à mon époque un PCR, c'était un Plan Cul Régulier.

Le seul couple qui n'a jamais eu de problème, c'est bien le whisky et le coca.

J'ai donné le prénom de la maîtresse de mon mari à la poupée de ma fille. Chaque fois que ma fille appelle sa poupée, il sursaute.
Ce n'est que le début.

J'ai compris que j'avais grandi quand j'ai commencé à apprécier les siestes et les fessées.

Sois indulgent avec toi-même…
Fais comme tu as souvent fait avec tes ex.

Je n'ai pas besoin de sexe.
Le gouvernement me baise tous les jours.

Les éditions Jean-Claude Lattès nous informent que tous les tomes de *Cinquante nuances de Grey* sont désormais épuisés.

MON MOT DE LA FIN

Le constat est sans appel : le *dating* est une discipline épuisante (57 % des femmes sont d'accord avec moi), un vrai rouleau compresseur émotionnel. Je ne le recommande à personne.

Voici l'interro, comme prévu :

Faut-il bien vous comporter avec une personne que vous aimez ?

☐ oui ☐ non

Faut-il utiliser l'humour dans vos textos ?

☐ oui ☐ non

Faut-il répondre dans un délai correct aux messages privés, aux textos, etc. ?

☐ oui ☐ non

Si vous avez répondu OUI à toutes mes questions, je vous délivre un certificat de bonne conduite et vous garantis que l'amour sera au rendez-vous dans les mois qui viennent.

mamouz

123 456 likes

7. Chat-pitre ?

#PTDR #PourUneTherapieDuRire #SansFiltre

LA GRANDE CONSPIRATION DES FÉLINS

L'heure est à la gravité.

Il n'aura échappé à personne que l'arrivée de la COVID-19 a redonné une certaine vigueur à toute une foule de thèses complotistes plus désolantes les unes que les autres. Après les avoir mixées dans un grand *chat-ker*, je les résume au fait qu'un très petit nombre de personnes (évidemment redoutablement organisées en société secrète) seraient en réalité les véritables maîtres du monde qui travailleraient dans l'ombre pour plonger l'humanité tout entière dans un gouffre de malheurs (d'où la COVID-19) et installer *ad vitam aeternam* une dystopie du plus bel effet, une sorte de patchwork du *Meilleur des mondes* d'Huxley, de *1984* d'Orwell, de *Terminator* et de *Soleil vert*. Une réalité à très gros budget !!

Je trouve tout particulièrement navrant que des personnes adultes puissent avaler un tel *chat-rabia*. Pire, qu'elles utilisent les réseaux sociaux pour convaincre leurs proches de l'existence de cette super-élite malfaisante. Commençons donc par expliquer que les maîtres du monde, ceux qui tirent les ficelles, ne sont ni les Reptiliens, ni les Illuminati, et encore moins une coalition des plus grosses fortunes du globe. Triste nouvelle pour les conspirationnistes, l'étape complot est dépassée depuis belle lurette, puisque les vrais maîtres du monde agissent de façon transparente, au vu et au su de tous, entre deux siestes.

Ceux qui dirigent le monde le font sous nos yeux et personne ne les conteste. Par un long travail de sape sournois, ils ont même annihilé tout esprit de résistance chez les humains pour les entraîner dans une servitude aussi absolue que consentie. Cette servitude se traduit par des actes aussi absurdes que l'*a-chat* compulsif de croquettes, de balles en mousse et de souris en plastique. Nous acceptons sans broncher l'annexion de territoires normalement inviolables, comme le lit ou le canapé. Il n'est pas rare que nous retardions, voire que nous annulions, des week-ends au *Chat-Ferret*, dans un *chat-let* ou à la *Chat-cropole* en Grèce, si nous ne trouvons personne pour assurer les repas et les changements de litière. Le monde virtuel d'Internet aurait pu devenir une porte de sortie pour les humains, mais, là encore, les chats ont été les plus forts. À coups de photos et de vidéos, les félins ont su prendre possession du terrain, s'appuyant toujours sur notre consternant manque de lucidité, notre *chat-veuglément* : lobotomisés, nous les filmons dans les moindres gestes de leur vie quotidienne pour ensuite nous pâmer devant des images de sommeil, d'attaques de fauteuils, de destructions de sacs en papier, avec, à la clé, des pluies torrentielles de likes et de pouces levés.

Pour bien prendre la mesure du désastre, il faut avoir conscience que si @mamouz n'était consacré qu'à des clichés de chats trop mignons qui font tourner leurs maîtres en bourrique, j'aurais depuis longtemps dépassé le million d'abonnés et serais l'égérie généreusement sponsorisée d'une marque de croquettes américaines high-tech. Nous en sommes là (c'est sous le regard inquisiteur de Rosalie, sublime chatte angora turque qui régente intégralement la vie de ma famille depuis sept ans, que je dresse ce constat implacable).

Mon chat me regarde toujours bizarrement quand je rentre le soir, je pense qu'il est surpris que j'aie les clés de chez lui.

Bien négocier avec son chat :
Étape 1 : Lui donner tout ce qu'il veut.
Étape 2 : Fin de la négociation.

Le chat :

« Je suis népuisé, c'est comme épuisé mais de naissance. »

Comment préparer des lasagnes ?

Enlever le chat du plat.

Le chat :

« Aujourd'hui c'est jogging, euh canaping c'est mieux. »

Le chat fait les comptes et annonce fièrement à sa maîtresse :

« Nous n'avons plus les moyens de garder le chien. »

Le chat rentre de chez le véto :

« Mais où sont mes coucougnettes ? »

Si un chat noir traverse la rue devant vous, c'est qu'il va quelque part.

Un petit minou noir se balade avec une pancarte où il est écrit : « Je proteste contre les gens qui disent que les chats noirs portent malheur. »

Le chat :

« Donc, tu es en train de me dire que tu as oublié d'acheter des croquettes… Au fait, ton nouveau canapé, combien t'a-t-il coûté déjà ? »

« J'aimerais comprendre pourquoi l'espèce humaine est toujours en train de voler mon caca avec une petite pelle. »

Le chat :

« Je ne suis pas gros, Dieu m'a mis des airbags car je suis précieux. »

Les chiens ont des propriétaires,
les chats ont du personnel.

Un monsieur en train de prendre sa femme en photo :

« Souris chérie !

– Où ça ???? » hurle le chat.

Le chat :

« Aujourd'hui je ne fais rien, et si je n'ai pas fini ce soir, demain je recommencerai. »

Le huitième jour, Dieu regarda le monde
et trouva cela trop bien rangé. Il inventa le chat.

Écoute le chat qui est en toi.
Mange, étire-toi et
retourne te coucher.

LA RONRON-THÉRAPIE, LE MÉDICAMENT MIRACLE

Canapés lacérés, croquettes vendues au prix de l'uranium enrichi, tarifs du vétérinaire alignés sur ceux d'un chirurgien esthétique de Beverly Hills, allergies garanties à leur contact… C'est à ce tir de barrages peu nuancés que mes parents avaient régulièrement recours pour annihiler la volonté commune de leur progéniture (onze, huit et trois ans) d'accueillir un félin. À nos demandes de plus en plus fréquentes et insistantes, l'autorité parentale opposait un refus de principe, dont la sécheresse a fini par ne plus nous laisser le moindre espoir et nous rendre *chat-grins*… Jusqu'à ce que ma mère prenne connaissance d'un article dans les pages scientifiques d'un grand quotidien qui relatait les effets sidérants du contact entre des chats et des enfants autistes. L'effet en a été immédiat et toutes les barrières maternelles ont volé en éclat. L'aîné de mes frères était à l'époque extrêmement introverti et nous avions tout essayé pour le sortir de sa coquille, sans aucun résultat.

Gudmund de Wikengard, un sacré de Birmanie de deux mois héritier d'une longue lignée aristocratique, a donc intégré la famille du jour au lendemain, avec une mission très *chat-leureuse*. J'ai instantanément compris que nous avions non seulement hérité du plus beau et du plus gentil chat de l'univers, mais aussi d'une intarissable source de joie de vivre et d'amusement. Comme prévu, le canapé familial est tout de suite devenu la cible de frappes chirurgicales dévastatrices, mais au fur et à mesure qu'il se dégradait, mon frère se transformait au contact de la petite boule de poils qui était littéralement en train de changer *chat* vie. Pendant dix-huit ans, Gudmund a pu à loisir faire ses griffes sur tous nos fauteuils et nos canapés sans jamais provoquer un seul éclat de voix.

Le ronronnement, un objet de science

D'éminents médecins[10] n'hésitent plus aujourd'hui à qualifier le chat de « super thérapeute ». Son ronronnement serait un antistress naturel redoutable pour calmer toutes les formes d'anxiété. Comment cela est-il possible ? Les ronronnements sont des vibrations sonores étagées sur des basses fréquences de vingt-cinq à quarante hertz qui correspondent à celles des chansons douces. Ces mêmes fréquences sont utilisées par les médecins du sport pour réparer les os brisés, les muscles lésés et accélérer la cicatrisation. Le ronronnement utilise le même chemin dans le cerveau, le circuit « hippocampe-amygdale », une structure liée au déclenchement de la peur. ...

10. « Le vétérinaire toulousain Jean-Yves Gauchet est l'inventeur de cet amusant, mais pourtant très sérieux concept de ronron-thérapie. En 2002, il tombe sur une étude qui signale, statistiques à l'appui, qu'après des lésions ou des fractures, les chats ont cinq fois moins de séquelles que les chiens, et retrouvent la forme trois fois plus vite. L'hypothèse est alors avancée d'une authentique action réparatrice du ronronnement. » - Françoise Dorn, *Le Temps de la douceur*, Éditions Jouvence, 2016.

...

Écouter ce doux bruit entraîne une production de sérotonine, « l'hormone du bonheur », impliquée dans la qualité de notre sommeil et de notre humeur...

Le ronron stimulerait également notre système immunitaire. Plus merveilleux encore, la proximité des chats permettrait de réveiller des facultés cérébrales endormies chez les personnes âgées. Si tout cela ne mérite pas un bonus de croquettes...

Pas besoin d'avoir usé ses fonds de culotte à la faculté de médecine pour savoir que les chats ont aussi le don surnaturel de provoquer des poilades dont eux seuls détiennent le secret. Capables de faire n'importe quoi, n'importe quand, sans la moindre inhibition, ces clowns à quatre pattes sont les meilleurs alliés de notre bonne humeur quotidienne. Voilà pourquoi ils encombrent l'espace photo de nos smartphones et font la loi sur les réseaux sociaux.

Le confinement n'a évidemment rien arrangé. Jamais nous n'avions passé autant de temps près d'eux : des journées entières à les observer quand ils dorment dans des poses indécentes, à leur envoyer des balles en liège, à récupérer des souris en peluche sous les canapés... Ils nous font *chat-virer.*

Le chat est l'animal feelgood numéro un, et c'est bien parti pour durer. Nous pourrons bientôt traduire en langage humain le miaulement du chat *via* une nouvelle application pour smartphone… Alors si les chats joignent le geste à la parole, le monde leur appartiendra pour toujours.

« Le temps passé avec un chat n'est jamais perdu. »
(Colette)

« Il y a deux moyens d'oublier
les tracas de la vie :
la musique et les chats. »
(Albert Schweitzer)

« Le chat est d'une honnêteté absolue :
les êtres humains cachent, pour une raison
ou une autre, leurs sentiments.
Les chats non. »
(Ernest Hemingway)

« La joie c'est les câlins d'un chat. »

(Christelle Ronget)

« Mieux vaut élever son esprit que des chats siamois. »

(Francis Blanche)

« Lorsqu'un chat accorde sa confiance à un homme, c'est sa plus belle offrande. »

(Charles Darwin)

« L'idéal du calme est dans un chat assis. »

(Jules Renard)

« *Le chat est le seul animal qui soit arrivé à domestiquer l'homme.* »

(Marcel Mauss)

« Le chat exerce sa vigilance là
où personne ne peut le voir : dans son cœur. »
(Confucius)

« Les chats, les femmes et les grands criminels
ont ceci de commun, ils représentent un idéal
inaccessible et une capacité à s'aimer soi-même
qui nous les rend attirants. »
(Sigmund Freud)

« L'instinct voluptueux est un chat qui dort
et qu'il ne faut jamais réveiller. »
(Henri-Frédéric Amiel)

« Le chat est une bête philosophique, rangée,
tranquille, tenant à ses habitudes, amie
de l'ordre et de la propreté et qui ne place pas ses
affections à l'étourdie : il veut bien être votre ami
si vous en êtes digne, mais non pas votre esclave. »
(Théophile Gautier)

LE POINT DE VUE DE **BERNARD WERBER**

On ne présente plus Bernard Werber. Il est l'un des écrivains français les plus lus dans le monde. Les chats occupent une place très importante dans son imaginaire et sa mythologie personnelle. Il a même consacré une trilogie aux félins, dont le dernier volume s'intitule tout simplement *La Planète des chats* chez Albin Michel. Tout un programme...

@Mamouz : *Si vous avez consacré trois romans aux chats, c'est sans doute que le sujet vous est très personnel ?*

Bernard Werber : J'ai eu trois chats, c'est peut-être pour cette raison que j'ai écrit trois romans :

- Mélissa, une chatte qui sortait tous les soirs et se tapait tous les matous du quartier ;
- Angelo, son fils, qui était un chat orange marmelade ;
- Domino, que m'a offert l'écrivaine Stéphanie Janicot.

Je suis ce qu'on peut appeler « un écrivain à chat ». Je crois que tous les écrivains aiment les chats… J'ai pu le constater chez Hemingway à Key West, avec ses soixante chats à six doigts et les litières face à la machine à écrire de ce géant des lettres. Les auteurs sont souvent inspirés par les chats romanesques et mystérieux. Le chien nous aime et le chat nous questionne. Le chien nous aime de façon inconditionnelle, tandis que l'amour du chat est conditionnel. Ce n'est pas parce que tu le nourris que l'animal va t'aimer, c'est lui qui décide selon ses propres critères. Personne ne connaît la recette, en tout cas, les croquettes ne suffisent pas.

M : *Des fourmis ou des chats, qui sont les maîtres du monde ?*

BW : Les fourmis sont les maîtresses du monde, dans la mesure où elles sont présentes sur toute la planète même en milieu hostile. Mais les chats sont les maîtres des humains. Si les hommes ont commencé à les dépasser par l'innovation technologique, les chats les surpassent par la psychologie. Même les humains les plus intelligents finissent par devenir complètement gagas. C'est un animal qui a un petit côté arrogant, bienveillant et surtout imprévisible.

M : *Que font les chats quand leurs maîtres ne sont pas là ?*

BW : Avoir un chat en appartement, c'est le mettre en prison, lui qui préfère sauter dans les branches, attraper les petits oiseaux ou les souriceaux. En écrivant ma trilogie, un problème m'est apparu : c'est nous qui décidons pour eux de leur espace, de leur terrain de jeux. Nous devons beaucoup les agacer.

M : *Pourquoi les chats nous fascinent-ils autant ?*

BW : Déjà, ils sont inapprivoisables. Quand quelqu'un est malade, le chat montera sur lui et commencera à ronronner, ou il le patounera là où ça fait mal. Les chats donnent ce sentiment qu'ils nous veulent du bien ou, en tout cas, qu'ils nous font du bien. Je viens de lire une étude qui démontre que les gens qui cohabitent avec un chat vivent plus longtemps. Cette capacité est un mystère. Je comprends que les hommes soient fascinés depuis la nuit des temps par ce côté imprévisible et bienveillant.

M : *Trouves-tu qu'ils ont un sens du comique ?*

BW : Non, les chats n'ont pas du tout le sens de l'humour, contrairement à d'autres animaux, je pense aux singes ou à certains oiseaux comme les cacatoès. Les chats ont une image très haute d'eux-mêmes, certains se prennent même pour des divas. On ne plaisante pas avec son chat.

M : *Pratiques-tu la ronron-thérapie ?*

BW : J'ai découvert la ronron-thérapie grâce au vétérinaire toulousain Jean-Yves Gauchet, qui en est l'inventeur. Il m'a expliqué que les chats ne se servaient du ronronnement que pour communiquer avec l'humain, jamais pour leurs chatons ou dans la nature. Nous avons fêté les chats au Grand Rex et Jean-Yves a fait ronronner 2 800 personnes en même temps. La salle vibrait tout entière. Un moment très émouvant.

mamouz

123 456 likes

8. Mieux vaut en rire

#PTDR #PourUneTherapieDuRire #SansFiltre

MANIF'IQUE

La manifestation est un sport national français.

OK, il faut se taper les embouteillages et parfois les relents de gaz lacrymo. Mais tout se mérite, et niveau poésie de rue, il y a du sacré level dans nos manifs. Pancartes et autres banderoles sont les supports de vraies merveilles ! Elles exposent des slogans tous plus dingos les uns que les autres, dont se régaleraient Jacques Prévert, Jean Yanne et Boris Vian, qui en connaissaient pourtant un rayon.

N'ayons pas peur de le dire : les slogans de Mai 68 frisent l'amateurisme face à la production actuelle, souvent époustouflante de créativité. Le compte Instagram new-yorkais @dudewithasign n'est pas l'un de mes préférés pour rien ! C'est un jeune homme qui chaque jour manifeste avec une pancarte différente sur un sujet d'actualité. On peut y lire des choses à la fois désopilantes et d'une justesse désarmante.

Manif antiraciste ou féministe, manif pour les profs ou contre l'homophobie : on pourrait croire que les organisateurs embauchent les meilleurs publicitaires du moment, tellement les pancartes tapent dans le mille. Elles ne peuvent que faire sourire, voire donner envie de s'engager instantanément...

En voici un petit florilège :

Merci le confinement,
mais je n'aime pas cet épisode de
Black Mirror.

Pourquoi
je manifeste
déjà ?

Y a qu'une seule
race :
celle qu'on se met
le week-end.

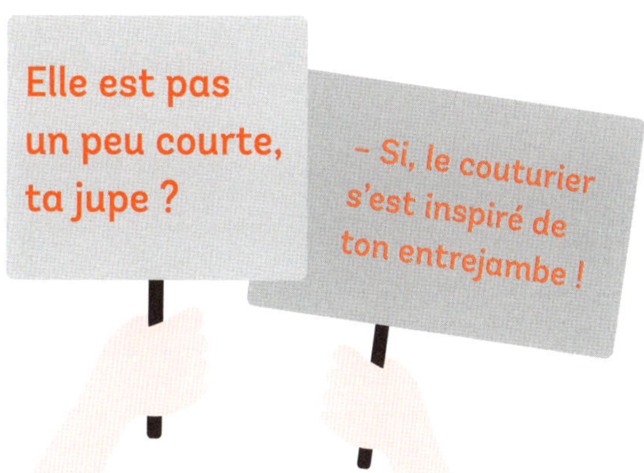
Elle est pas
un peu courte,
ta jupe ?
– Si, le couturier
s'est inspiré de
ton entrejambe !

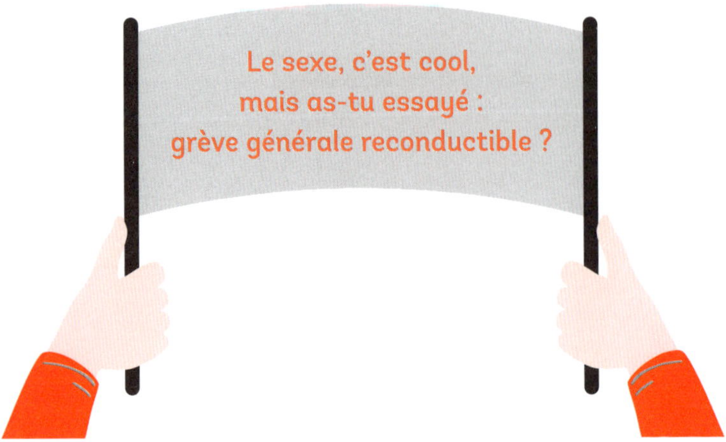
Le sexe, c'est cool,
mais as-tu essayé :
grève générale reconductible ?

Si Dieu déteste
les gays,
pourquoi
sommes-nous
si mignons ?

Force est de constater
que le Club Dorothée
ne nous a pas
correctement préparés
à toute cette merde !

Sur l'environnement non plus, on n'y va pas de main morte. Il faut dire que les enjeux sont colossaux, on a presque atteint un point de non-retour...

Et sur une tombe je suis même tombée sur un message des plus drôles :

Pour ce qui est de l'engagement, j'ai été à bonne école. 7649 : c'est le nombre (presque 😀) exact de manifestations auxquelles j'ai participé. Je mérite d'entrer au *Guinness des records* ! Entre un père trotskiste soixante-huitard et une mère écolo engagée dans les Amis de la Terre auprès de Brice Lalonde, il m'a été difficile de rester les bras croisés.

À deux ans, à l'été 1977, nous sommes allés manifester dans une 2CV verte contre le surgénérateur de Creys-Malville, suivis par six cars de militants embarqués par mon syndicaliste de père. Prête à en découdre et à attaquer les CRS, j'ai été bien déçue de me retrouver à la crèche collective improvisée entre deux tentes sous une pluie diluvienne. Mon père ne cessait de parler de ce pauvre Vital Michalon qui a été tué ce jour-là. Un mort prénommé Vital pour qu'on survive. Quel symbole ! Ce même été, mes agités de parents ont décidé de partir vivre en communauté à Ios en Grèce. C'est en cargo que nous sommes arrivés sur cette île des Cyclades, où nous avons vécu trois mois sans fringues, sans sous, chez l'habitant... Cette fois, ils protestaient contre la société de consommation, avec un pic les soirs de pleine lune. Oui, vous pouvez les traiter d'illuminés, ils ont l'habitude.

J'avoue qu'il ne me reste de cette période que des souvenirs assez flous. À trois ans, ma photo a figuré dans le journal des verts avec mes meilleurs copains, Daisie et Clovis, car ma mère s'était déclarée candidate écolo aux municipales. Ces photos prises par Jean-Baptiste Mondino sur le pont du canal Saint-Martin restent un souvenir mémorable. Ensuite, nous avons vendu le journal de la campagne sur le marché.

À quatre ans, mes parents ont organisé une crèche collective avec des réfugiés politiques recrutés par annonce dans *Libération*. L'expérience s'est terminée lorsque notre nounou chilienne, après m'avoir cuisiné un plat pimenté et m'avoir laissée en pyjama toute la journée, s'est enfuie avec les bijoux de pacotille de ma mère. Tout le monde n'a pas eu la chance d'avoir des parents écolos. À six ans, en mai 1981, je suis allée avec mon père place de la Bastille fêter l'élection de Mitterrand. À huit ans, il m'a expliqué longuement comment se positionner dans une manifestation pour éviter les charges des CRS, comment mettre son foulard pour ne pas être asphyxiée, etc., sans oublier de se souvenir de se réfugier sous le porche d'un immeuble. Je suis allée à plus de manifs que de mariages !

Après leurs folles années, mes parents se sont assagis, en se mettant au boulot. J'ai pris la relève et ma part d'engagement : le scoutisme avec ma « Dodo » chérie, ma meilleure amie, et, toutes les causes au lycée. Je suis devenue madame activiste pour mes amis. À seize ans, guévariste, j'avais parcouru *Le Capital* de Marx, *Générations* de Hamon et Rotman… Résultat : je me suis retrouvée à la télévision avec ma bande de potes Dany, Tarek, Nico, Laurence et compagnie, interviewée par Laurence Haim dans une émission présentée par Christine Ockrent qui me cite sur France 2 : « Pas de rêve à quinze ans… mais quelle horreur ! » (Trente ans après, je n'ai pas changé d'avis !)

Nota bene : tous ces moments sont immortalisés sur YouTube.

Sortie de l'adolescence, j'ai enchaîné par l'humanitaire en Afrique : construction d'une école, gestion d'un orphelinat. J'ai adoré partager la vie du village de Boassa au Burkina et boire ce fameux dolo avec les chefs de village… À la rentrée 1993, je me suis retrouvée à l'Institut catholique, où j'ai découvert la spiritualité des rastas jamaïcains. Les chemins de la destinée sont impénétrables !

Mon clin d'œil archi perso

Le rastafarisme, c'est cette religion de Bob Marley qui, dans les textes de ses chansons, en appelle à ses racines : la reine de Saba et le roi Salomon. Ce qui me touche chez lui, c'est l'universalité de ses chansons. C'est le premier artiste du tiers-monde qui bouleverse le monde occidental. Son engagement pour la paix et l'harmonie, la libération des femmes, la décolonisation, *One love, No women no cry, War*, etc. Je vous vois venir… Non, non, je ne l'ai pas suivi sur tous les plans, je ne me suis pas laissée enfumer totalement !

Inspiration. Respiration. Paragraphe suivant de ma vie, je deviens journaliste et je fais mes premières armes comme adjointe du rédacteur en chef pour le journal de Génération Écologie. Puis il m'a fallu gagner ma vie et j'ai eu la chance de mettre au monde mes bébés. Une fois que mes fils ont su se faire à manger (très vite donc), j'ai repris mes actions, en me mettant au service de la Maison des femmes. Une implication hypernaturelle pour une association qui défend les jeunes filles victimes de violence. Même mon fils Zacharie m'a aidée à monter des vidéos pour les levées de fonds. J'ai fini par produire bénévolement un clip sublime avec Oxmo Puccino et Olivier Bassuet, en partageant cette aventure avec tous mes amis : Marie-Ève Schoettl à l'idée, Anissa Bonnefont à la réalisation, Adriana Legay au montage, Paul Roland-Levy à l'assistanat et Daisie de Gueltzl à la prod. Un rare moment de grâce en 2020.

Et vous ?

Alors oui, les Français sont mondialement connus pour manifester à tout va, mais n'oublions pas l'Histoire (avec grand H) : celle de la Révolution, des droits de vote des Femmes... Et vous, quelles sont les causes qui vous tiennent à cœur ?

LANGAGE-MENT DE PACOTILLE

J'adore aussi les pancartes qui n'ont aucun sens concret et n'affichent aucune vraie revendication. En les lisant, j'imagine ceux qui ont pris le temps de les concevoir et qui jubilent à l'idée de faire sourire les passants, un peu comme des cousins germains de @mamouz. Une sorte d'**Instagram** à ciel ouvert.

J'aurais presque envie d'organiser une manif @mamouz pour faire naître un concours de formules. Qu'en pensez-vous ? Vous seriez partants ? Ce serait la manif la plus sympa de la terre, ou en tout cas la plus drôle.

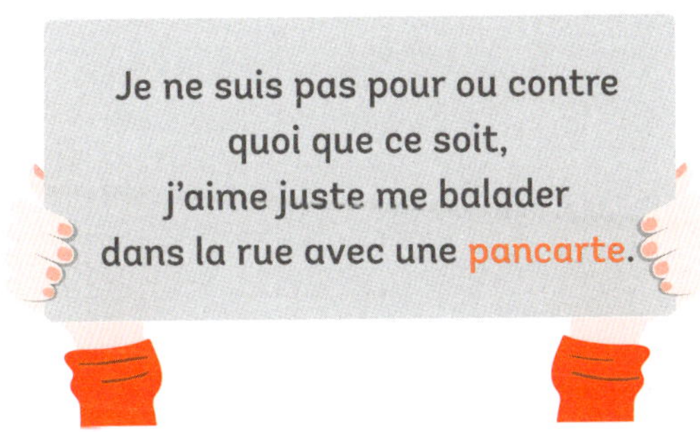

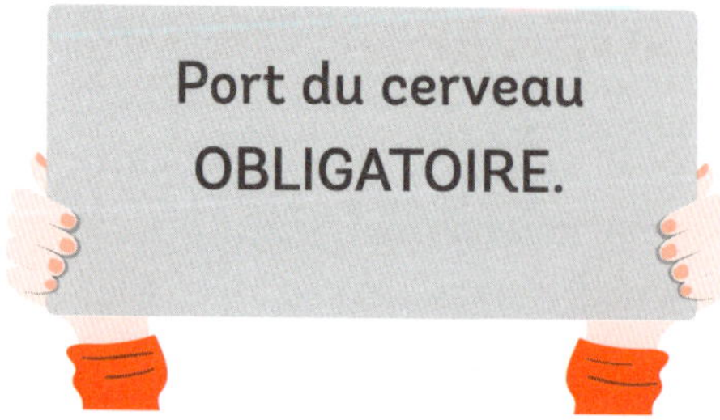
Port du cerveau
OBLIGATOIRE.

Je suis
tellement
en colère
que j'ai fait
une pancarte !

Quelqu'un
de dispo
pour faire
un Scrabble ?

Je déteste
la foule

PAN(MULTI)CARTE

Quand les mots ne sont pas écrits sur des pancartes, ce sont les murs qui servent d'étendards, là aussi avec des accroches plus ou moins engagées. Les tattoos peuvent servir de supports aussi, avec un résultat plus ou moins réussi. Et dans ce cas je pense toujours au génial François Damiens et à son sketch hilarant sur ce tatoueur qui soi-disant répare les tattoos loupés mais qui en réalité les aggrave davantage encore. Je pense aussi aux fautes d'orthographe du tatouage de Robbie Williams, qui titre en français « Chacun à son goût », ce qui ne veut rien dire dans notre langue... En voici un autre qui me plaît beaucoup : « Des conneries arrivent quand tu fais la fête à poil », avec une flèche vers un tattoo vraiment pourri. Quelle créativité !... L'un de mes préférés reste ce dessin sous forme de chiffres à relier, que tu ne comprends que si tu t'équipes d'un stylo pour le tracer. Ingénieux, non ? Et pour finir, spéciale dédicace à Mathieu Demy, mon ami aussi fan de saucisses que moi : un hot dog délicieux entouré de cette phrase « Coupable d'être aussi beau que bon ».

En voici quelques autres pour la route, parce que les traits d'humour n'ont bien entendu pas attendu les réseaux sociaux pour ensoleiller notre quotidien.

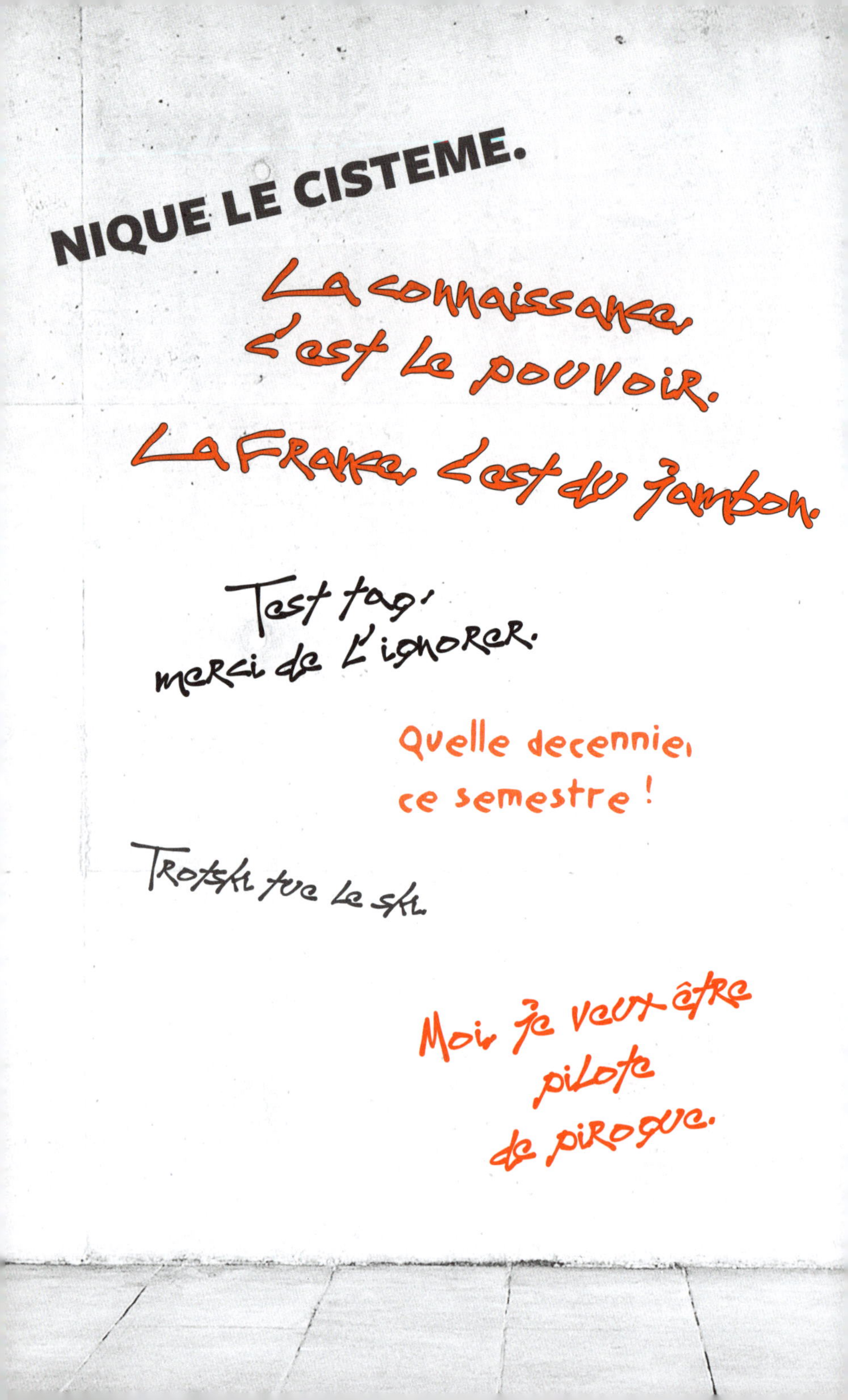
NIQUE LE CISTEME.
La connaissance c'est le pouvoir.
La France c'est du jambon.
Test tag.
merci de l'ignorer.
Quelle decennie
ce semestre !
Trotski tue le ski.
Moi je veux être
pilote
de pirogue.

RIEN N'EST PERMANENT
MON PÈRE DÉTESTE MES TATTOOS

Mon clin d'œil archi perso

À seize ans, impossible pour moi de faire une crise d'ado. Ma mère m'encourageait à avoir les cheveux roses, des piercings dans le nombril, des tatouages, et moi je n'en avais pas du tout envie. Je suis d'une génération où les tattoos ont commencé à poindre sous les vêtements, mais discrètement. Puis tout d'un coup ça a été l'éclosion et aujourd'hui, celui qui n'en a pas n'est pas cool. Un raz-de-marée. Cette nouvelle génération a-t-elle besoin de revendiquer à outrance ? Une nouvelle appartenance à une communauté de mots... La plus rock'n'roll, pour moi, c'est Catherine Deneuve, qui a décidé de s'en faire un à soixante-dix ans sur la nuque. Longtemps, j'ai résisté, et puis un jour, lors d'un moment d'amitié aux États-Unis, j'ai craqué en me faisant tatouer un petit cœur rouge à l'intérieur de mon poignet. Le trait est si délicat que ma nièce a longtemps cru que je le redessinais chaque matin.

LE POINT DE VUE DE **MATHIEU DEMY**

C'est la personne qui me fait le plus rire au monde. C'est un acteur et réalisateur merveilleux, plein d'émotion dans *Jeanne et le garçon formidable*, adorable dans *Nos enfants chéris* et si drôle en hipster décalé dans la série *Mytho*. Son film *Americano* m'a beaucoup touchée. Je rêve qu'il réalise une comédie qui pourrait déboulonner mon mythique *Mes meilleurs copains*. C'est un homme engagé, qui lui aussi a été à la bonne école. Il a de sublimes tattoos (mais je ne vais pas tout révéler) et la poésie des mots chevillée au corps. Bref, je suis fan et très contente qu'il ait bien voulu répondre à mes questions dans ce chapitre que j'ai écrit en pensant à lui. Dernier détail important à vous divulguer : nous partageons l'amour des saucisses et des mèmes à leurs effigies, pas une publication de dessin de saucisse sans que je ne le tague.

@Mamouz : *Je peux te faire une interview Miss France ?*

Mathieu Demy : OK très bien. Mais je te préviens je ne défile pas en maillot de bain avant 19 heures.

M : *Qu'est ce qui t'empêche de dormir ? Autrement dit : quels sont tes engagements ?*

MD : Je n'ai jamais beaucoup dormi. J'aime bien ça, mais j'ai toujours l'impression de perdre mon temps, sauf pour les rêves qui sont un des meilleurs moments de la vie... Pendant un temps je notais tous mes rêves. Pour en faire quoi ? Je ne sais pas. Ce n'est pas évident à partager. Les rêves des autres sont toujours moins bien.
Si tu veux parler des engagements politiques, il y a certes des choses qui me tiennent à cœur mais dont la route croise rarement celle de mon travail. « Tout est politique », diront certains, mais ce qui m'occupe en fiction est davantage lié à l'intime qu'au sociétal. Je serai peut-être un jour un artiste engagé, mais pour l'instant c'est plutôt « bien dégagé autour des oreilles » pour reprendre la formule de Desproges.

M : *Je te crois accro à la poésie des mots et aux gestes ubuesques, farfelus. Tu me fais penser à un Buster Keaton 2.0. Comment t'es-tu construis ce personnage. L'humour est-il un bouclier pour affronter la vie ?*

MD : Ah oui, Buster Keaton, que j'aime par-dessus tout. J'adore son sérieux, c'est à mourir. C'était un athlète incroyable aussi. Il faut voir *College*, c'est merveilleux.
Moi, je ne construis rien du tout, j'essaie de suivre mon instinct en restant à peu près cohérent. De toute façon, quand j'essaie d'être calculateur, je me prends les pieds dans le tapis. Miss France dit souvent « sois toi-même »… eh bien c'est elle qui a raison !

La vie étant foncièrement tragique, l'humour c'est l'élégance absolue. Ce que j'aime le plus au cinéma c'est quand on arrive à mélanger la légèreté et l'émotion. C'est assez rare de réussir ça.

M : *Tu tiens un twitter @radioAgnes des phrases de ta mère, Agnès Varda[11]. Chaque jour tu écris des mots, des expressions énigmatiques, poétiques, terre à terre parfois. Pourquoi aimes-tu jouer avec les mots ?*

MD : Agnès était très bavarde, elle avait une manière très particulière et sautillante de s'exprimer, les gens qui l'ont connue s'en souviennent sans doute. Souvent avec elle

11. Rare femme cinéaste de sa génération, Agnès Varda était aussi une féministe engagée.

je notais les choses rigolotes, les punchlines, ou je l'enregistrais quand elle me racontait sa vie. L'idée de faire un tweet par jour sur @radioAgnes c'était surtout une manière de faire le deuil. Ça fait déjà deux ans, il va falloir arrêter un jour… En attendant c'est aussi sur Instagram.

M : *Tes stories, ton fil sont toujours marrants. Quelles sont tes idoles ?*

MD : Pour les mèmes, c'est toi mon idole, Mamoooouz !!! Y'a tellement de choses marrantes sur Instagram, c'est vertigineux, et en même temps il faut se méfier du temps que tout ça peut finir par occuper. Je t'en donne un quand même, @15cek (un compte russe avec que des trucs de fracassé) c'est assez… stimulant, tu verras !

M : *Les manifs, tu en as fait beaucoup ? Qu'aimerais-tu faire comme pancarte ?*

MD : J'en ai fait quelques-unes, oui (ça commence avec Devaquet, si tu savais…) Il ne faut rien lâcher, les gouvernements essaient toujours de profiter des crises pour faire passer des lois invraisemblables. On en a encore eu l'exemple en France en 2020.

M : *Les tattoos, tu en as toi-même quelques-uns. « My body is une œuvre d'art » : lequel rêves-tu de te faire sans oser ?*

MD : C'est plutôt « my body raconte une histoire ». Elle se raconte tranquillement, par à-coups. Je ne m'interdis rien, du moment que ça a du sens. (Bien sûr c'est très subjectif, certains trouveront du sens à se tatouer un donut sur le front, va savoir...) Difficile de dire comment tout ça va se terminer !

MON MOT DE LA FIN

L'idée que la poésie et l'humour s'emparent des murs, des pancartes et des peaux pour réveiller les consciences me plaît au plus haut point.

« Que la farce soit avec toi » : cette injonction de @marcbril-latsavarin, un follower, m'a confortée dans mon @mamouz.

« Que la force soit avec nous » : c'est ce que je souhaite pour que la fin de la pandémie coïncide avec l'avènement d'un monde meilleur.

mamouz

123 456 likes

9. Ché-rire. Smiling thérapie

#PTDR #PourUneTherapieDuRire #SansFiltre

QUAND TA VIE N'EST PAS DROITE, VA À GAUCHE

Pour paraphraser Forrest Gump, la vie, c'est comme un boomerang sur lequel est gravé *karma*.

Parfois, tu as l'impression qu'elle s'acharne sur toi. Quand tu te réveilles du mauvais pied, que la machine à café est bloquée et l'évier bouché. Ou, comme pour moi aujourd'hui, quand ton comptable te demande si tu as la poisse dans d'autres domaines que dans ta boîte (assez inquiétant, nous sommes d'accord).

En ce qui me concerne, quand je passe en mode Calimero, j'opte pour la full option humour, histoire de dédramatiser des situations compliquées ou que l'on pense totalement ingérables. Je mets une sorte d'airbag entre la vie et moi. Mon lâcher-prise personnel, c'est la *smiling thérapie*. Pour reprendre cette si jolie idée qui circule sur les réseaux sociaux, quand je regarde le mot *problème*, je lui efface les lettres *r* et *bl* et ça fait *poème*.

Si votre comportement est suspect, signalez-vous.

Pour vous aider à dormir, je vais vous proposer une sélection de problèmes non résolus, ou de choses que vous auriez dû dire ou faire aujourd'hui comme au cours des quarante dernières années.

Insomnie à 3 heures du matin

Le cerveau humain est génial. Il fonctionne vingt-quatre heures sur vingt-quatre depuis le jour de notre naissance et ne s'arrête que lorsque nous passons un examen ou que nous tombons amoureux.

J'ai besoin de faire du sport, mais j'attends de voir si le monde va s'écrouler avant de m'y mettre vraiment.

Dans mon calendrier de l'Avent, j'ai remplacé les chocolats par du Lexomil® et franchement, Noël (ou la vie) c'est pas si pourri.

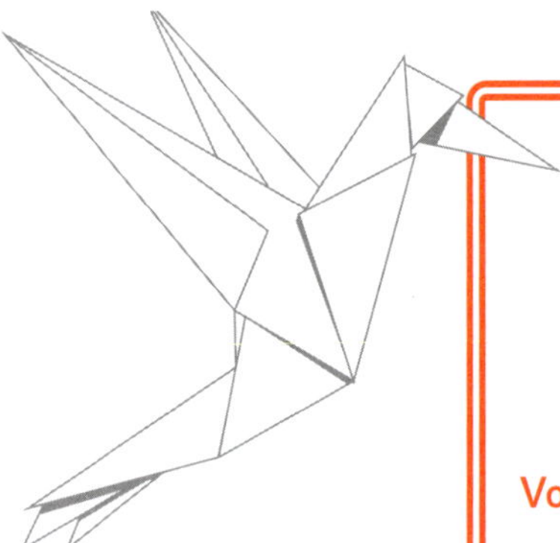

**J'ai une blague sur l'origami.
Vous allez être plié en quatre.
Puis en deux. Ensuite en trois,
dans le sens de la longueur,
et encore deux fois en quatre.
Vous êtes désormais une cigogne…**

Je ne vais pas vous mentir, j'ai eu recours à une analyse (façon sympa de vous dire que j'ai consulté un psy). Cette méthode peut être efficace, notamment pour nettoyer le parasitisme. Prenez une cocotte-minute, soulevez-en le couvercle, observez la vapeur qui s'en échappe et vous comprendrez en quoi une thérapie peut être utile. À propos de thérapie ou plutôt de psychanalyse, j'ai découvert que notre bon vieux Sigmund avait écrit un livre consacré aux mots d'esprit. Attention, le titre est sérieux : *Le mot d'esprit et sa relation à l'inconscient.* Une information qui m'a transportée de bonheur. Si même lui, la suprême autorité, confirme que mon intuition de relier l'humour et la thérapie est la bonne, c'est un énorme BINGO.

Si même Dieu (de la psychanalyse) le dit…

Il paraît que Sigmund Freud était drôle et qu'il croyait dur comme fer en la force de l'humour. Dans son ouvrage *La vie et l'œuvre de Freud*, Ernest Jones lui attribue d'ailleurs « un humour inimitable et mordant ». Après tout, les mots d'esprit ne sont pas si éloignés des mèmes du XXIe siècle…

Pour le père de la psychanalyse, le créateur d'un mot d'esprit a autant de plaisir à l'écrire que le follower en a à le découvrir (d'accord, il ne l'a pas appelé comme ça, comme vous êtes pointilleux…). C'est ce qui m'étonne le plus. Finalement, la boucle est bouclée. OUI, le rire est bon pour la santé. Mieux encore : il témoigne d'une bonne santé psychique. L'humour est « une des réalisations psychiques les plus hautes », *dixit* Freud.

•••

...

Voici ma petite sélection personnelle de ses meilleures blagues[12]...

- À ses débuts, peu concluants, le père de la psychanalyse a écrit à sa belle-sœur : « J'ai l'intention d'accrocher ma photo dans la salle d'attente avec écrit dessus : enfin seul ! »
- Ce fan de cigare disait que le tabac était le seul produit capable de faire pardonner son méfait à Christophe Colomb.
- Digne des plus grands humoristes, en tant que juif devant s'exiler en Angleterre, il a dû écrire un petit mot pour vanter la bienveillance de la Gestapo à son égard. Il a alors noté : « Je peux chaleureusement recommander la Gestapo à tous et à chacun. »
- Alors qu'il souffrait d'un cancer, il s'efforçait d'en rire : « Sept de mes organes internes se disputent l'honneur de mettre fin à ma vie. »

Comme nous tous, Freud décrit les bienfaits de l'humour, notamment la faculté de ressentir du plaisir face aux situations les plus pénibles. À l'image de Falstaff, ce personnage de Shakespeare qui malgré sa laideur s'en sort grâce à ses mots d'esprit.

Merci qui ? Merci SIGMUUUUND !

12. Elles proviennent notamment de Marie-France Patti, *L'Humour, Un défi aux certitudes*, Éditions In Press, 2017.

Mon autre maître à danser ou à penser est le chorégraphe Ohad Naharin, le connaissez-vous ? Lui aussi prône le rire thérapeutique. Avant chaque cours, il demande à ses élèves de faire des mouvements dans tous les sens sans aucune réflexion, puis de rire fort, fort, très fort… Il applique sa technique dans les maisons de retraite ou lors de grands rassemblements. Un lâcher-prise à l'effet instantané et d'une puissance inouïe.

Le message que je m'efforce de faire passer, c'est qu'il faut prendre du recul, faire un pas de côté. Exactement comme ce mème que j'ai découvert et que je me permets de laisser en anglais…

When nothing goes right, go left.

Vous dire que ce n'est qu'un mauvais moment à passer, que ça va aller. Surfer sur la vague, puisqu'avec le temps tout passe et qu'en saupoudrant tout d'humour vous pourrez même vous marrer d'un mauvais souvenir. Les voyages les plus durs ou imprévus ne sont-ils pas ceux que vous gardez en mémoire ?

Putain

(nom féminin et adjectif)

Mot français qui sert à exprimer la colère, la peur, l'envie, la joie, le bonheur, la tristesse, la jalousie, la faim, la soif ou la perte d'une télécommande.

Je veux être porte-parole de la majorité silencieuse.

Ce ne doit pas être trop fatigant.

Mon niveau de sarcasme est tel que je ne sais même plus moi-même si je plaisante ou non.

Cacahuètes :

Moyen de locomotion très prisé de nos jours.
« On part en cacahuète ! »

QUI MÈME ME SUIVE

L'avantage des mèmes, c'est que, mine de rien mine de crayon, ils servent à tout. À rire bien sûr, mais aussi à réfléchir et parfois même à remonter le moral et l'estime de soi. Ils peuvent être aussi de très bon conseil.

D'une certaine manière, ils pourraient constituer un manuel de développement personnel écrit par Coluche. Direct, souvent imagé et, à mes yeux, très efficace.

Qu'est-ce que l'estime de soi peut nous faire souffrir ! Ce continent qui paraît inatteignable. Cet Everest dont on ne voit jamais le sommet ! Pour moi, mais je suis sûre que je suis loin d'être seule, l'estime de soi est ce qui est le plus difficile à obtenir. C'est ce qui provoque le plus de montagnes russes émotionnelles. Un rouleau compresseur. Le triple programme lavage/essorage/rinçage. Alors, pour la canaliser, il est préférable d'en faire un sujet de plaisanterie. Et pour ceux qui seraient rongés par le problème, rassurez-vous, l'âge, le travail, l'amitié, l'amour, les échecs et les réussites nous font entrevoir un apaisement à ce niveau.

Pour gagner cette bataille menée contre soi-même, il faut s'armer de patience. Si nous nous posons deux minutes sur le sujet, à part les serial killers et Cyril Pageot du CM1, je ne vois pas qui n'a pas de mal à cohabiter avec son amour-propre. Tirons le fil. C'est décomplexant de livrer nos faiblesses et de voir qu'elles sont partagées par des milliers d'autres.

Elles deviennent plus légères et plus supportables. Je crois que c'est ce que mes followers perçoivent justement sur mon Instagram : une accumulation de mises à nu, en pointillé, de mes failles qui font tilt chez certains. Ensemble, nous faisons une séance continue de groupe de parole. Résultat : ensemble, nos estimes de nous-mêmes grimpent de dix points.

Récapitulons pour nous faire kiffer : être cléments avec nous-mêmes, bien nous entourer, nous ancrer dans le temps présent, écouter notre instinct, être positifs (pas à la COVID-19). C'est bon, vous êtes prêt à passer le test Rosenberg qui permet de calculer votre estime de vous-même ! Quant à moi, grâce à vous qui me suivez et que je fais un petit peu rigoler, en termes d'estime de soi, le compteur a explosé. Un immense merci !

La situation est sous contrôle.

La psychanalyse, ça peut aider…
mais hurler des obscénités,
c'est plus rapide et moins cher !

« Vivement demain que tout soit comme hier. »
(Coluche, justement)

J'aimerais un jour allumer la télé
et entendre aux infos :
« Aujourd'hui, rien de spécial ! Tout
va bien dans le monde.
Bonne journée. »

C'est encore loin, le bout de nos peines ?

To-do-list :

1. Apprendre à voler.
2. S'envoler.

Certains jours, je m'étonne moi-même. D'autres jours, je cherche mon portable partout, alors que je l'ai dans la main.

Si vous avez cru au père Noël pendant huit ans, vous pouvez bien croire en vous pendant cinq minutes.

Si vous vous manquez de confiance et de créativité, rappelez-vous qu'un mec a été acclamé pour avoir conçu le très complexe drapeau du Japon.

La to-do-list de James Brown :

- *Get up*
- *Get on up*
- *Get up and do my thing*
- *Get up offa that thing*
- *Get on the good foot*
- *Get papa a brand new bag*
- *Give it up and turn it loose*
- *Make it funky*
- *Don't take no mess*
- *Stay on the scene*

J'adore lorsque
le rire de quelqu'un
est plus drôle que la blague.

Mon plan de devenir ni riche ni célèbre se déroule actuellement très bien.

Tout se pourrit (théorie du compost).

LES REMÈDES DE @MAMOUZ

Les écrans, c'est froid, disent certains, les relations ne sont plus que virtuelles, on perd de vue « la vraie vie ». Il y a sans doute du vrai là-dedans. Mais il y a aussi de l'audace qui ne s'exprimerait peut-être pas de visu, il y a des barrières qui tombent, permettant de créer des liens inattendus et nourrissants. Et il y a un peu de la récréation que l'on a perdu au fil des ans...

Ce contact retrouvé, c'est ce que j'aime par-dessus tout, avec mon compte : pouvoir échanger avec les followers, en message privé, en commentaire ou encore par publications interposées. Il y a des personnes qui suivent mon compte sans être abonnées à Instagram, ce sont les publications qui vivent mille vies. Le nombre de groupes WhatsApp d'écoles, de boulot… dans lesquels on partage ces captures d'écran dépasse l'entendement ! Et savoir que je fais sourire la France entière me fait bondir de joie (j'espère que la bonne humeur se sera propagée jusqu'à vous). Immense fierté quand le directeur de cabinet de Mme la ministre Marlène Schiappa m'a appelée pour me proposer d'être une des Marianne 2021 car j'étais son coup de cœur. Il paraît qu'au ministère ils sont tous accro. Hihihi, le rire c'est sérieux !

Il y a les personnes avec qui je parle chaque jour, ceux avec qui j'ai des « rendez-vous du matin », comme @happyness1337 (que je ne connaissais même pas avant le premier confinement). Ceux du soir comme @la_mere_minos, qui fait les stories les plus drôles d'Instagram. Il y a des créatifs incroyables et dotés d'un humour puissant et contagieux comme @rf_lewis_. Sans oublier ceux qui, régulièrement, viennent nourrir mon Instagram comme @sidneybongart, @dmetenier, @irmadanon, @mariejoory, @najlete, @davidszkly… Et puis il y a tous les échanges en privé, les mots doux, les confidences, la bienveillance… J'ai un faible pour les jeux de mots et les esprits décalés comme ceux de @nicolasullmann, @ffcalembours et @jeancroc, qui ont toujours le mot rigolo et me font sourire instantanément. Et j'ai bien sûr un gros coup de cœur pour tous ceux qui se jettent avec moi dans les concours loufoques ! Les fous rires imprévus détendent parfois jusqu'aux plus stressés.

Pour des raisons personnelles, je vais continuer à poster des mèmes plutôt que de chercher une aide professionnelle pour ma santé mentale.

Les jeux collectifs, voilà par exemple une appétence que je dois sûrement à mon scoutisme acharné, pratiqué jusqu'à mes dix-huit ans. Je crois en la force du collectif. C'est ainsi que ma super communauté a passé une partie de l'été à proposer des Road trips à partir de chansons, suite à un concours géant que j'ai organisé sur mon compte Instagram.

La musicothérapie

Figurez-vous que la musique émet des vibrations et qu'il est prouvé que, selon la musique écoutée, celle-ci a le pouvoir de vous détendre ? Oui, ça marche aussi avec le fait de chanter, donc vous avez désormais une bonne excuse pour lancer votre grand karaoké de l'été. Certains spécialistes proposent même aux femmes enceintes d'écouter du Mozart ! Beethoven serait plus approprié pour vous motiver en début de journée.

Seule, je n'aurais jamais trouvé des titres de chansons sous forme d'itinéraires Mappy (Comme Paimpol à Rennes, ce célèbre titre du chanteur breton Prince), déniché autant de noms de rues improbables ou bien des enseignes de coiffeurs qui défrisent (oui bon, ça va) par dizaines. Et au mois de novembre, d'autres se sont jetés sur ce montage de personnalités aux noms à consonance fromagère : Paolo Comté, Nelson Beaufort, Jules Cheddar...

Voici un florilège de leurs exploits[13]. À votre tour, laissez libre cours à votre inspiration, cherchez sur Mappy® des noms de destinations qui font s'envoler votre esprit et fuser votre rire, créez des jeux de mots, reconstituez des paroles et postez-les sur les réseaux sociaux ! Vous prolongerez ainsi la chaîne du rire collectif !

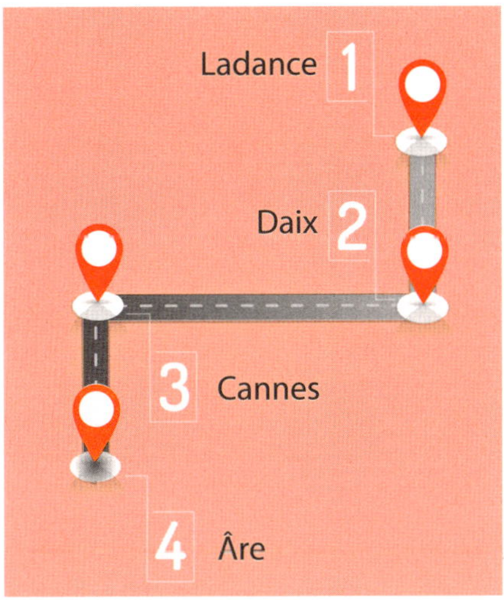

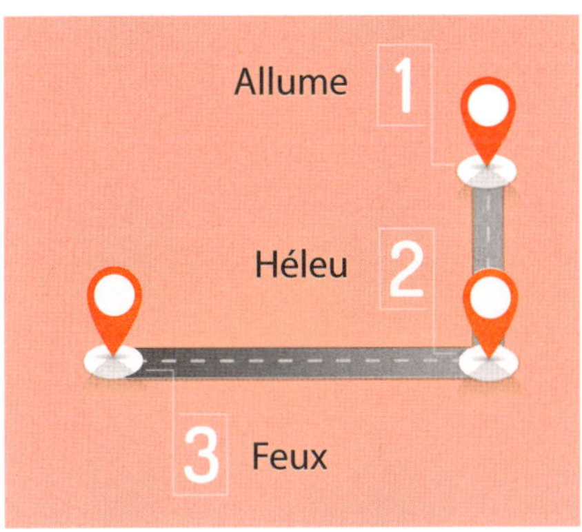

13. Ces itinéraires existent donc réellement !

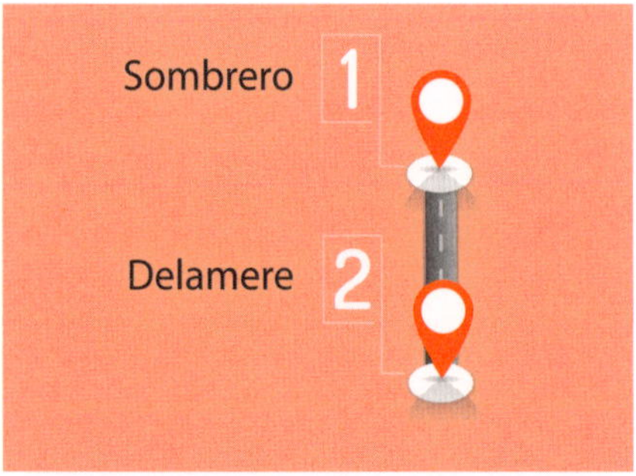
Sombrero
1
Delamere
2

Alexandrie,
Égypte
1
Alexandra,
Afrique du Sud
2

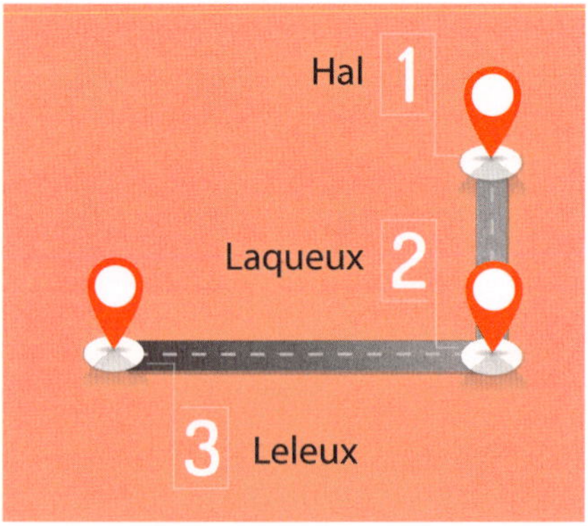
Hal
1
Laqueux
2
3
Leleux

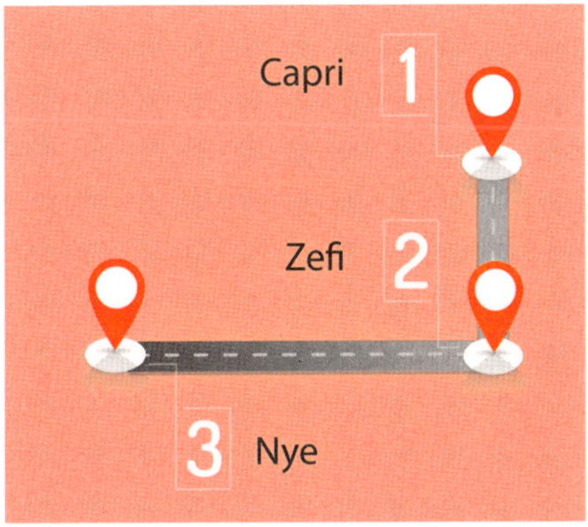
Capri
1
Zefi
2
3
Nye

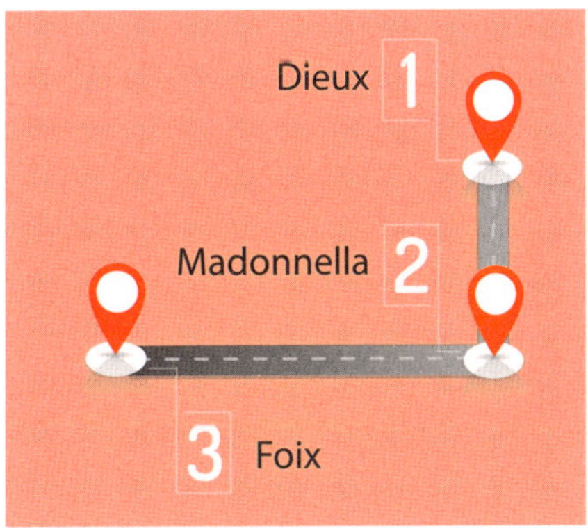
Dieux
1
Madonnella
2
3
Foix

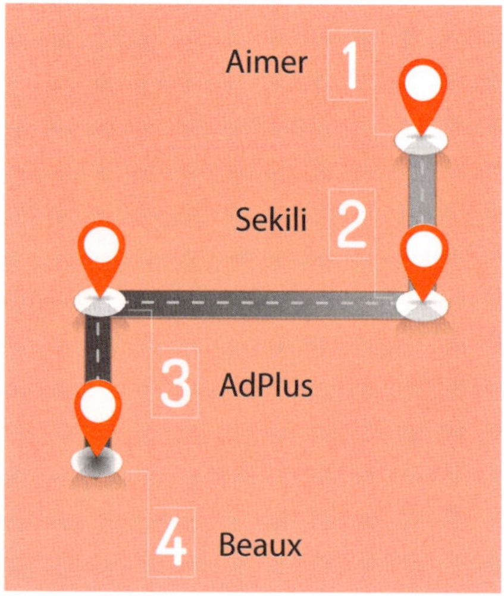
Aimer
1
Sekili
2
3
AdPlus
4
Beaux

Allon
1
Sanfang Mountain
2
3
De La Paz
4
Trieux

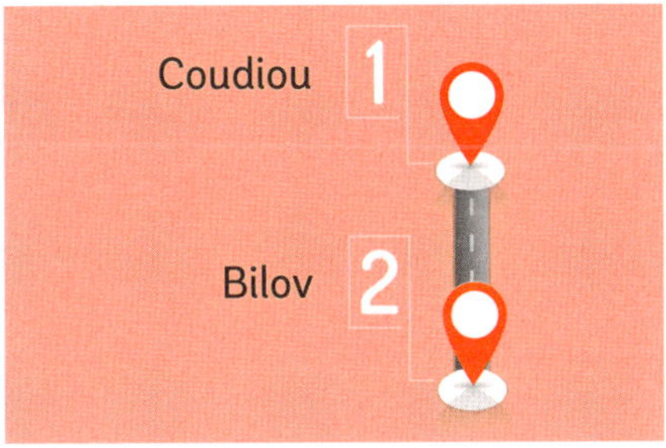

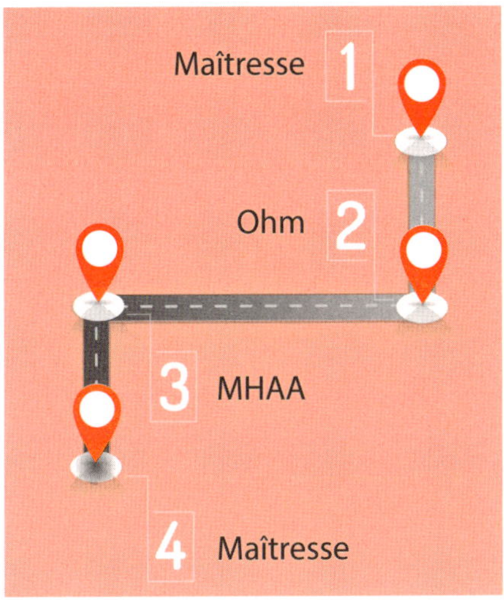

C'est à vous !

Dernier ouvrage collectif en date : les noms de médecins à l'opposé de leur fonction peuvent me faire rire des heures entières. J'ai reçu des tas de photos de plaques de médecins (tendres ou hilarantes, dans ce contexte) prises dans la rue. Voici un aperçu des merveilles que mes dealers de bonheur en herbe m'ont envoyé. Bien entendu, par respect, nous ne reproduisons ici ni les adresses ni les numéros de téléphone…

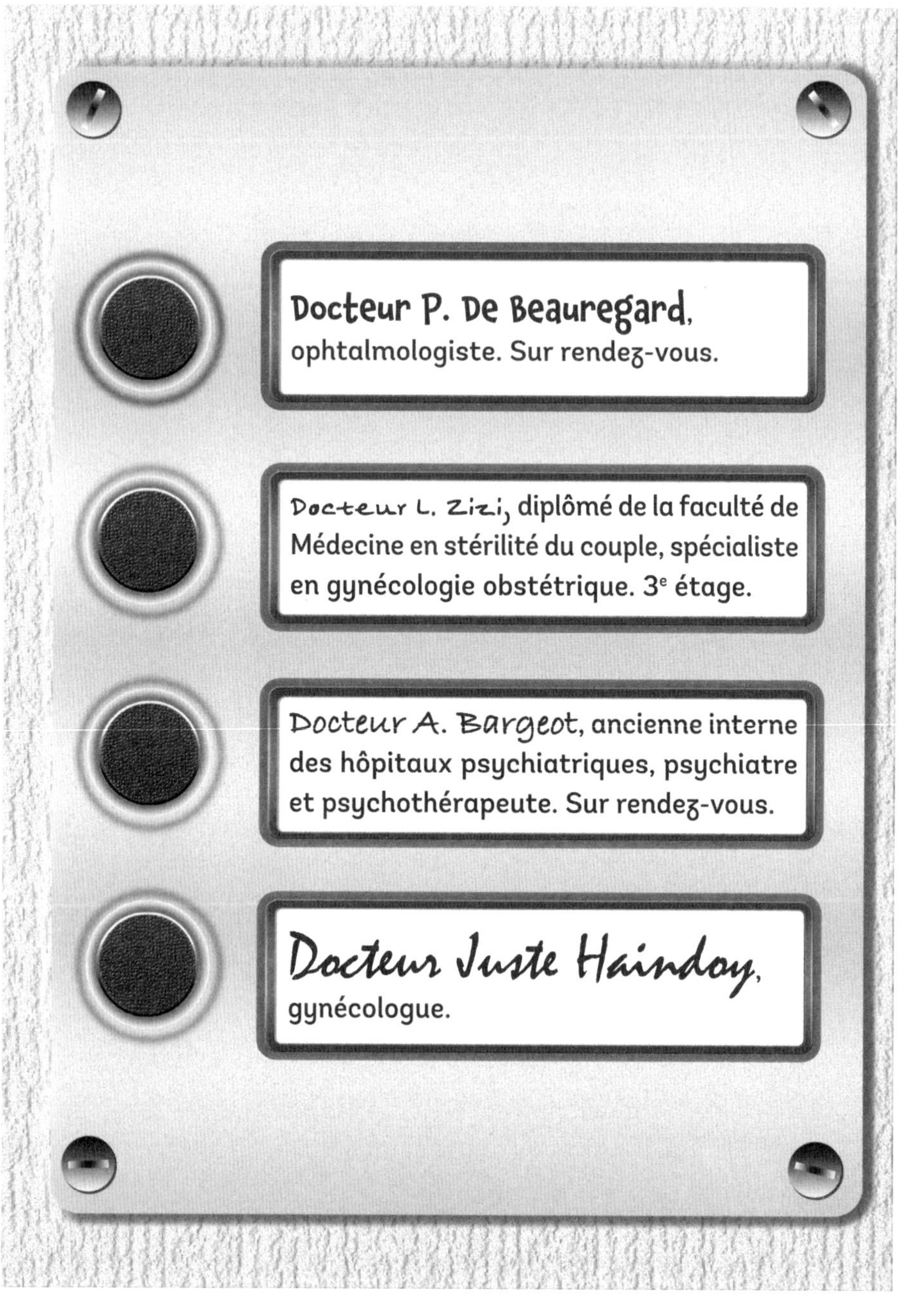
Docteur P. De Beauregard,
ophtalmologiste. Sur rendez-vous.
Docteur L. Zizi, diplômé de la faculté de Médecine en stérilité du couple, spécialiste en gynécologie obstétrique. 3e étage.
Docteur A. Bargeot, ancienne interne des hôpitaux psychiatriques, psychiatre et psychothérapeute. Sur rendez-vous.
Docteur Juste Haindoy,
gynécologue.

J'en ai reçu (et partagé) des dizaines comme celles-ci, toujours accompagnées de petits mots à hurler de rire au boulot ! On va finir par se faire virer, les amis ! Mais, au fond, le jeu n'en vaut-il pas la chandelle (façon de parler) : qu'est-ce qu'on est bien quand on lâche un peu la pression et qu'on retrouve l'amusement de l'enfance... Dorlotons nos enfants intérieurs, il n'y a pas que les blessures à exploiter : la spontanéité, la créativité et la simplicité, aussi...

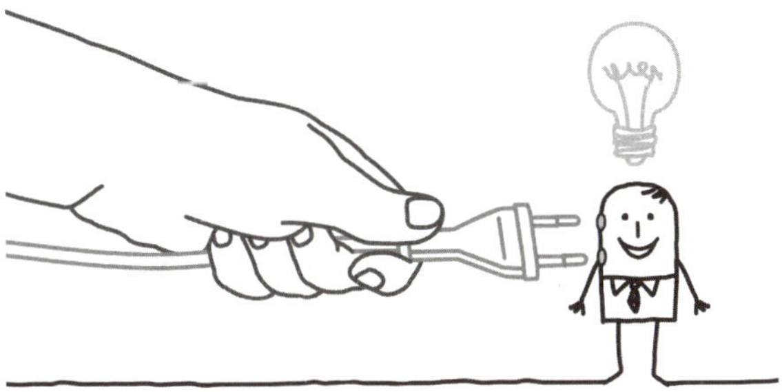

Elle se branche où la prise de conscience ?

LE POINT DE VUE DE **SOPHIE TREM**

Sophie Trem, c'est la joie incarnée, une vraie boule de bonheur, à tel point qu'elle en a fait son métier. Après avoir travaillé dans la mode et pour l'une des plus grosses start-up françaises, elle ne s'y retrouve plus et se lance dans *La Good Mood class*, des ateliers interactifs pour faire le plein d'énergie positive et réenchanter la vie. À l'automne 2020, au moment où le monde d'avant s'écroule, elle publie aux éditions Albin Michel un livre rempli de tips de bonne humeur.

@Mamouz : *Comment as-tu placé au cœur de ton métier l'humour et le sourire ?*

Sophie Trem : L'humour et le sourire font partie de mon éducation et de ma vie en général. J'ai une famille nombreuse qui aime rire et charrier. J'ai vite compris que l'humour et la joie constituent des armes redoutables, qui aident à surmonter presque tout, dans une vie qui peut parfois être très imprévisible et dure. La vie est tellement plus sympa quand on rigole, non ?

Ensuite, j'ai remarqué que, dans le cadre professionnel, les personnes travaillent mieux quand elles sont de bonne humeur. L'ambiance étant contagieuse, cette énergie impactera vraiment le groupe et son rendement. J'ai alors pensé qu'il fallait optimiser le conditionnement du bien-être physique et mental de chacun, pour inciter à une prise de conscience réelle de l'intérêt d'être dans un état d'esprit positif. J'ai surtout réfléchi à une méthode ultra-accessible et simple afin que tout le monde puisse la mettre en pratique à sa façon selon ses besoins.

M : *Tu es une enfant d'immigrés cambodgiens, tu as eu beaucoup d'eczéma, tu étais remplie de doutes. Ton parcours n'a pas été tout rose. Les gens qui réussissent n'ont-ils pas surtout saisi leur chance ?*

ST : On ne change pas sa vraie nature, on apprend juste à mieux la vivre. Pour avancer, il faut avoir conscience de ce qu'on veut changer, et surtout comprendre pourquoi.

Les solutions passent forcément par l'action. Avant, je pensais beaucoup trop. J'ai appris à écourter et à accepter que les choses se passent comme elles doivent se passer.

Pour moi, la chance c'est un peu comme si tu te jetais dans le vide et que tout à coup tu attrapais une liane. Tu ne l'avais pas vue venir et c'est elle qui te permettra de passer de l'autre côté. Tu as l'impression d'être hyper chanceux, alors qu'en fait, si tu n'avais pas sauté, cette liane ne se serait pas présentée à toi. Tu te rends alors compte que :

- la chance, c'est toi qui la crées et qui l'appelles ;
- une fois que tu sais que c'est possible, tu te dis que tu devrais l'appeler plus souvent ;
- plus tu y crois, plus elle se manifeste !

De l'extérieur, on ne perçoit que la chance finale et on croit que tout est tombé dans les mains de la personne chanceuse, sans voir tout ce que cette personne a mis en place avant de récolter les fruits de cette chance. Tout est question de perception.

M : *« Happiness is when what you think what you say and what do are in harmony. » Tu cites cette magnifique phrase dans ton livre. Que t'évoque-t-elle ?*

ST : C'est la citation qui m'a donné le déclic. J'étais au chômage, enceinte, et je me sentais totalement perdue dans un système avec lequel j'étais en parfait désaccord. Pour avancer, il faut commencer par bien se connaître, par être honnête avec soi-même, (sur ses défauts comme sur ses qualités), par reconnaître ses capacités potentielles et ses intentions les plus profondes. Ce qu'on pense se traduit par ce qu'on fait et ce qu'on dit. Si les trois éléments n'entrent pas en harmonie, cela signifie qu'un paramètre est à régler afin que l'on se sente mieux, que l'on soit aligné.

M : *Plus tu tombes, plus tu te relèves et surtout moins tu as peur de tomber ?*

ST : On a tous peur de tomber, surtout dans une société qui valorise seulement ceux qui réussissent. On oublie souvent les échecs qui précèdent les réussites et qui représentent la plus grande source d'apprentissage. Choisissez votre destination en fonction de vos rêves et de vos souhaits, pas en fonction du type de chemin !

M : *Tu dis que c'est avec Michael Hadida que tu as connu le kif. Qu'entends-tu par là ?*

ST : Le kif signifie tout simplement prendre du plaisir, s'amuser, profiter de la vie. Michael m'a appris qu'on peut kiffer et bosser, que l'un n'exclut pas l'autre, que le premier est même le moteur du second. Il m'a fallu des années pour déconstruire les schémas que j'avais en moi et vérifier cette théorie par moi-même. Je suis heureuse de voir qu'aujourd'hui de plus en plus de personnes osent s'écouter, cherchent à changer de métier pour y trouver plus de sens. Une telle direction ne peut que s'avérer bénéfique pour tous.

M : *Si tu devais nous donner cinq conseils ou exercices imparables pour favoriser la pensée positive et égayer notre vie, quels seraient-ils ? Sans compter @mamouz, évidemment.*

ST : Je dirais...

- Bougez, soyez en mouvement, écoutez de la musique.

- Respirez profondément par le nez le plus souvent possible et plus encore dès que vous stressez.

- Vivez l'instant présent, soyez vigilant, mais dites-vous toujours que tout est possible.

- Cherchez le positif partout, même dans le négatif, tous les jours et dans toutes les situations.

- Lâchez prise et acceptez que le monde ne tourne pas autour de vous ! Si vous ne pouvez pas changer la situation, vous pouvez changer votre façon de voir les choses et ça change tout. Comme on dit : « Let it be ! »

mamouz

123 456 likes

Conclusion

#PTDR #PourUneTherapieDuRire #SansFiltre

Pour terminer, faisons un petit test pour vérifier que tout est bien clair dans votre esprit et que rien ne vous a échappé

Après le QI, le QE le QS, calculez votre QH, quotient humoristique !

Entourez la ou les bonne(s) réponse(s) !

1. Donnez une note à 2020 comme pour les chauffeurs Uber.
   - a. **Merveilleux, je n'ai jamais passé autant de temps à parler avec mes arbres en plastique.**
   - b. **J'ai développé des connaissances exceptionnelles.**
   - c. **J'ai fait tous les puzzles de Mamie.**

2. Pour supporter la vie, vous…
   - a. **apprivoisez vos angoisses.**
   - b. **allez faire des jeux de mots mémé pourri, ça détend.**
   - c. **revoyez *Un éléphant ça trompe énormément.***

3. Pour trouver de l'extra dans l'ordinaire, vous…
   - a. **faites du vendredi votre jour préféré.**
   - b. **préparez des blagues pour tout le bureau (je vous ai donné pas mal d'idées, non ?).**
   - c. **jetez vos enfants avec l'eau du bain.**

4. Si je résume, pour être beau, il faut…

a. se la péter ou pérorer.

b. sortir avec un chirurgien esthétique.

c. être bien dans ses baskets.

5. Rire c'est bon pour la santé parce que…

a. ça oxygène les organes.

b. ça renforce l'immunité.

c. ça provoque des endorphines.

OK. Tout est bon et alors, j'ai le droit d'être sérieuse de temps en temps !

6. Amour 2.0 parle…

a. du *ghosting*.

b. des éroticônes.

c. des paroles de *J'ai attrapé un coup de soleil* de Richard Cocciante.

7. Pour savoir si vous avez chat-viré à la lecture de « Chat-pitre »… (pardon).

a. La ronron-thérapie, c'est encore un complot de ces salauds de chats qui veulent nous dominer.

b. Les chats ronronnent seulement en compagnie des humains.

c. Bernard Werber a eu trois chats.

8. Vous vous êtes rendu compte que…

a. vous n'avez pas manifesté depuis longtemps.

b. les slogans avaient bien changé de crémerie.

c. comme 0,1 % de la population vous n'avez pas cédé à la folie des tatouages et vous vous en félicitez.

9. Une invention toute mamouzienne, pour voir si vous en avez dans la caboche, la Smiling thérapie, c'est…

a. une torture chinoise.

b. une saveur de pâte chinoise.

c. s'amouzer en toutes circonstances (oui, même chez le dentiste).

Évidemment le QH, c'est de la blague.

Résultats :

Question 1 :
a. : 2 points ; b. : 1 point ; c. : 0 point.

Question 2 :
a. : 2 points ; b. : 1 point ; c. : 0 point.

Question 3:
a. : 1 point ; b. : 2 points ; c. : 0 point.

Question 4 :
a. : 0 point ; b. : 1 point ; c. : 2 points.

Question 5 :
a. : 1 point ; b. : 1 point ; c. : 1 point.

Question 6 :
a. : 2 points ; b. : 1 point ; c. : 0 point.

Question 7 :
a. : 0 point ; b. : 2 points ; c. : 1 point.

Question 8 :
a. : 0 point ; b. : 1 point ; c. : 2 points.

Question 9 :
a. : 0 point ; b. : 0 point ; c. : 1 point.

En dessous de 5 points : Relisez mieux, sinon je ne poste plus rien pendant cinq jours !

De 5 à 10 points : Bravo, mais vous pouviez mieux faire (vous étiez à côté du radiateur vous à l'école, je me trompe ?)

10 points : Bravo, envoyez-moi vos résultats, on en fera un jeu collectif.

Plus de 10 points : Je vous certifie que vous portez des lunettes roses qui déforment la réalité et que l'humour vous sert de filtre pour rendre la vie tout à fait supportable.

À l'issue de ce périple en compagnie de tous les artisans de l'humour-thérapie, je crois qu'on peut en tirer une conclusion : il ne faut surtout pas prendre au sérieux ce livre ! (Mais vous l'aviez déjà compris ?)

Mon grand-père m'a bien expliqué que lorsqu'on a une passion, on ne travaille pas, on s'amuse. J'espère donc que vous vous êtes vraiment beaucoup *mamouzé* en me lisant. Il m'est impossible d'imaginer que mes premières publications en mars 2011 m'amèneraient à découvrir (sérieusement pour le coup) l'étendue des bienfaits du rire. J'ai été et je suis ravie de faire partager des mèmes tous les jours à des dizaines de milliers de personnes venues de tous les horizons et de tous les pays, qui ont adhéré à ma philosophie loufoque.

Rien ne sera plus comme après la COVID-19, on n'oubliera pas les soignants qui sont allés jusqu'au bout du bout de leur dévouement ni tous les livreurs qui nous ont sauvés en nous apportant à domicile les produits essentiels. Nous n'oublierons pas non plus les centaines de milliers de morts causées par cette maladie dans le monde. Seul l'humour nous a permis de prendre la distance nécessaire pour supporter cette période qui fut à la fois triste et douloureuse, bien qu'enrichissante aussi d'une certaine manière. Et c'est le grand message que je souhaite véhiculer : le rire rassemble, le rire réconforte, le rire est disponible sept jours sur sept, sans couvre-feu. Ne nous prenons pas trop au sérieux, rions !

REMERCIEMENTS

À mon Vincent préféré.

À mes parents toujours là.

À mes frères, belles-sœurs et neveux et nièces chéris qui prennent la relève de l'humour.

À mes sœurs choisies avec qui j'ai mes plus grands fous rires, elles sauront se reconnaître.

À Aurélie Saada pour ma sublime chanson et tout le reste.

À Jeremy, le meilleur papa.

À Charlène d'avoir eu cette belle intuition et Muriel de m'avoir accompagnée.

À tous les interviewés Grégory Pouy, Gérald Arno, Adèle Van Reeth, Caroline de Maigret, Delphine Horvilleur, Brigitte Milhau, Morgane Ortin, Bernard Werber, Mathieu Demy, Sophie Trem, qui ont répondu oui à ma demande sans hésiter.

À Pierre Terdjman pour son amitié et ses belles photos.

À tous les contributeurs et les followers de @mamouz, je vous aime !

COPYRIGHTS

Portraits des interviewés :

Grégory Pouy : © Geraldine Aresteanu

Gérald Arno : © Céline Caudal

Adèle Van Reeth : © Francesca Mantovani

Caroline de Maigret : © Bertrand Le Pluard

Delphine Horvilleur : © JF PAGA

Morgane Ortin : © Mia Dabrowski

Bernard Werber : © Roberto Frankenberg

Sophie Frem : © Claraferrandparis

Mathieu Demy : © Ronald Martinez

Chapitre Rire et sentiments, pages 154 à 157 :

@amours solitaires

Photos Julie Mamou-Mani (couverture et intérieur) :

© Pierre Terdjman

Autres visuels :

Shutterstock : habillage de couverture et intérieurs © Pixelliebe (smileys couverture), © AndiPAS (cadre Insta), © Mehmet Karaca (smileys intérieurs), © Ann Volosevich (étoiles)
Adobe Stock : p. 25 © Avector, p. 29 © kirkchai, p. 33 © svsunny, p. 38 © Laz'e-Pete, p. 41 © olliu2016, p. 59 © le_mon, djvstock, Damien Che, p. 62 © matiasdelcarmine, p. 65 © le_mon, p. 65 © Gabriel Onat, Comauthor, p. 74 © Deno, p. 76 © anatolir, p. 79 © Ghen, p. 79 © Zdenek Sasek, p. 81 © fizkes, p. 85 © kolonko, p. 88 © PASCAL BOUFFAY, p. 100 © jagodka, p. 101 © dlyastokiv, p. 102 © MclittleStock, p. 104 © doris oberfrank-list, p. 109 © graphixmania, p. 111 © kues1, p. 112 © New Africa, p. 115 © Fractal Pictures, p. 129 © Poulsons Photography, p. 132 © Jemastock, p. 136 © tribalium81, p. 137 © Style-o-Mat, p. 143 © liliya shlapak, p. 154 à 157 © Vitya_M, p. 164 © anatolir, p. 168 © Antonina, p. 169 © Sylwia Nowik, p. 170 © kolonko, Parvin, p. 173 © Andrey Kiselev, p. 178 © New Africa, p. 181 © Juan, Svyatoslav Bala, p. 182 © slybrowney, p. 187 © warmworld, p. 195, 196, 197, 198, 203, 204 © Olesia_g p. 197 © Sundgo, p. 198 © Taka, p. 204 © Halfpoint, p. 206 © SFIO CRACHO, p. 207 © Cookie Studio, p. 217 © Tartila, p. 218 © Alexander Pokusay, p. 221 © gertot1967, p. 226 © o_a, p. 227 © R-Design, p. 231 à 235 © Zoran Milic, p. 236 © i-picture, p. 237 © NLshop.
© François Lamidon : p. 54 et 55
Creative Commons CC0 1.0, Agena.p via Wikimedia Commons : p. 134
© Éditions Jouvence : p. 224

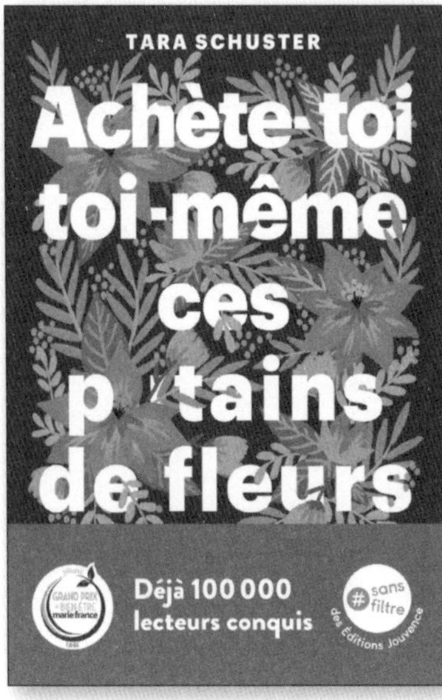

Tara Schuster

Achète-toi toi-même ces p*tains de fleurs

Et autres rituels pour prendre sa vie en main.
Par quelqu'un qui est passé par là.

Proche de la trentaine, Tara Schuster avait accumulé les succès retentissants. En apparence, elle semblait maîtriser tous les aspects de sa vie. Mais derrière cette réussite manifeste se cachait un être complètement déboussolé et souffrant d'anxiété chronique. Ce n'est qu'après avoir découvert sur son répondeur les messages paniqués de sa thérapeute à la suite d'une folle nuit d'ivresse que Tara prend conscience d'avoir touché le fond. À travers ce guide pratique, hilarant et d'une franchise bouleversante, suivez l'histoire de la rééducation personnelle de Tara (mais aussi la vôtre ?), devenue une « ninja de l'amour de soi ».

464 pages • 22,90 €

Dr Yael Adler

Ça ne se fait pas d'en parler

Stop aux tabous corporels !

Odeurs corporelles, problèmes intestinaux, hémorroïdes, maladies sexuellement transmissibles, verrues et gargouillis... Nous sommes tous et toutes concerné(e)s ! Ainsi, c'est sans détour et sans complexe que le médecin Yael Adler explique les problèmes de santé les plus tabous rencontrés par chacun d'entre nous. Si le style employé, souvent imagé et parfois truculent, prête à rire, les sujets sont traités avec le plus grand des sérieux. Et d'anecdotes issues de l'expérience personnelle et professionnelle de l'auteure en propos théoriques, nous voilà entraînés dans un tourbillon de réponses aux questions que l'on n'ose jamais poser.

432 pages • 22,90 €

Jean-Louis Dufloux

Les chroniques de Double-clic

Quand Parkinson étonne, détonne, bouillonne, passionne…

Double-clic, homme comblé familialement et professionnellement, vient tout juste de passer la cinquantaine quand il apprend que la maladie de Parkinson s'est immiscée dans sa vie sans se soucier d'y avoir été conviée. Il observe alors avec esprit et dérision les changements que lui imposent quotidiennement cette intruse à la fois dans sa vision du monde et le regard des autres. Il pousse chacun à s'interroger sur sa propre résilience face aux accidents de la vie et s'arme d'humour et de d'amour pour repousser l'adversité. Un récit aux allures de témoignage plein de tact et sans fard où Double-clic se joue des obstacles en faisant triompher l'optimisme.

224 pages • 17,90 €

Aurélie Delahaye

Tu veux vraiment t'installer à la campagne ?!

Oui ? Alors il faut qu'on parle !

S'installer à la campagne ?! En voilà une riche idée ! Mais entre ceux qui vendent la campagne comme le lieu idéal pour échapper à la grisaille de la ville, le monde et le métro-boulot-dodo, et ceux qui jouent les rabat-joie, qui croire ? C'est avec humour, franchise (on vous aura prévenus), et bienveillance, que ce livre vous aidera à faire le point avant de plonger (ou pas) dans le grand bain. Tout, tout, tout, vous saurez tout sur le Wifi, les petites bêtes, les galères et déconvenues… mais aussi les bons produits locaux, les soirées festives, la reconnexion à soi, à la nature et aux autres… afin que rêve et réalité de campagne se rejoignent !

240 pages • 17,90 €

Dépôt légal : mai 2021
Achevé d'imprimer en avril 2021
Imprimé en Serbie